〔英〕尤里·达杜什（Uri Dadush）
〔英〕威廉·肖（William Shaw） 著
周子衡 译

# 2050 重塑世界的朱格诺

## Juggernaut
### How Emerging Markets are Reshaping Globalization

社会科学文献出版社
SOCIAL SCIENCES ACADEMIC PRESS (CHINA)

# ‖目 录‖

# 序

我们过去所说的发展中国家正在迅速崛起,这在我们这个时代势不可当。在本书中,尤里·达杜什和威廉·肖首次系统地考察了这一结构型转变对国际经济和全球统治的长期影响,该考察涵盖了国内和国际的经济政策。

过去两个世纪的历史表明,任何经济的发展与赶超都不是自动自发的。然而,近年来,一种特别的因缘际会使得数量空前的国家(及人民)有可能实现快速的收入增长。这些因素包括技术的获得、市场的开放、稳定的宏观经济条件、更高的储蓄率和投资率以及政府对于私营部门发展的有效干预。

一项实事求是的评估表明,在未来几十年里这种因缘际会还可能继续,当然仅限于气候变化、地缘政治崩溃、金融危机,尤其是贸易保护主义等导致的一系列重大风险得到缓解的情况下。如果这些风险得到控制,在接下来的四十年内,世界经济将可能出现显著的变化。到2050年,中国经济的规模(按平均购买力计算)将接近美国经济的两倍,印度将成为世界第三大经济体,而欧洲国家将不再居于世界的前八大经济体之列。

达杜什和肖通过四条国际经济合作的主线来确定这种转变的

影响:贸易、金融、移民和全球公地。他们问道:发展中国家的崛起将如何改变这四大领域? 国际外交应当如何应对这种变化? 国际组织、多(双)边条约这类国际协调机制将发挥什么作用?

尽管新兴国家成长迅速,它们的国民却还将明显比发达国家的民众贫困。到2050年,全球前十大经济体中有六个经济体的人均收入将远远低于日本、美国及欧洲发达国家。主要经济体之间迥异的生活标准、社会价值观和政治体系将会使全球协定的达成大大复杂化。

不论是好是坏,对这些历史性力量的管制仍将掌控在那些有独立主权的国家,尤其是最大的经济体的手里。因此,像减轻气候变化、扩大移民收益和规避金融危机之类的全球协定需要更多地获得这些国家和政体对于自身命运与全球发展之间密切联系的认知与认同。

国际组织和谈判将起到很大的作用,但笔者告诫大家不要过度依赖全球协定。要让200多个国家对每件事情达成共识,这实在太复杂,潜在分歧也太大。相反,笔者建议各国可以更多地依赖关键成员就具体问题达成的协定,之后再将其扩充为适应更大群体的协定。

发展中国家的崛起对亿万人民摆脱贫困以及大力促进富裕国家的繁荣,都是一个巨大的机会。但是,任何如此规模的政治经济转变,都会有深刻的不确定性、摩擦,需要深入彻底的政治改革。不论国家还是全球政治组织都必须提高了解变化的产生及其变化的速度的能力,以便适应和调解将要发生的实质性冲突。了解是第一步,在这方面,达杜什和肖提供了一个宝贵的指南。

杰西卡·塔 奇曼·马修斯
卡内基国际和平基金会会长

# 致　谢

笔者在过去两年里得到了许多人的帮助，在此表示感谢。最重要的是，如果没有卡内基国际和平基金会的西梅尔斯·穆·阿里、维拉·埃德尔曼和班尼特·史丹赛的奉献，这本书绝不会有看到光明的一天。他们坚持深挖数据，贡献了无数的分析，充实了我们的内容，极大地丰富了最终成果。而他们在执行这些工作时所表现出来的出众的幽默感也使工作过程变得轻松愉悦。

我们感谢杰西卡·马修斯和卡内基管理部门，他们为完成这项工作提供了大量资源，谢谢他们的理解和支持。我们收到了一些关于早期草案的非常中肯的意见，它们来自国际经济舞台上的一群精明的观察员，包括德尔维什、亚历山大·福克斯莱、乔治·卡兰、安德鲁·穆德和莫伊塞斯·纳伊姆。奈达·杰夫兰利和埃维莉娜·耶治彦确保了办公室运行顺畅。伊龙卡·欧兹瓦德巧妙地照顾了生产，使得我们确信很难的一切变得似乎很容易。布鲁斯·罗斯·拉森在提高成稿的清晰度和逻辑结构上提供了巨大帮助。最后，如果没有我们的妻子吉尔达·达杜什和安妮·沃斯及家人的支持与帮助，这项工作将要艰巨和乏味得多。

# 缩写表

**ASEAN**　　　Association of Southeast Asian Nations
　　　　　　东南亚国家联盟
**CBO**　　　　Congressional Budget Office
　　　　　　国会预算办公室
**CFC**　　　　Chlorofluorocarbons
　　　　　　氟氯化碳
**CCI**　　　　Convergence Conditions Index
　　　　　　收敛状况指数
**CO₂E**　　　Carbon Equivalent
　　　　　　二氧化碳当量
**ECOWAS**　　Economic Community of West African States
　　　　　　西非国家经济共同体
**FDI**　　　　Foreign Direct Investment
　　　　　　外商直接投资
**FAO**　　　　Food and Agriculture Organization
　　　　　　粮农组织
**FBI**　　　　Federal Bureau of Investigation
　　　　　　美国联邦调查局

| | | |
|---|---|---|
| **GMR** | Global Middle and Rich Class | |
| | 全球中产阶级和富人阶层 | |
| **G20** | The Group of 20 | |
| | 20 国集团 | |
| **G8** | The Group of Eight | |
| | 八国集团 | |
| **GEP** | Global Economic Prospects | |
| | 全球经济展望 | |
| **GDP** | Gross Domestic Product | |
| | 国内生产总值 | |
| **GAO** | U. S. Government Accountability Office | |
| | 美国政府问责办公室 | |
| **IMF** | International Monetary Fund | |
| | 国际货币基金组织 | |
| **ICT** | Information and Communication Technology | |
| | 信息和通信技术 | |
| **ICSG** | International Copper Study Group | |
| | 国际铜业研究小组 | |
| **ICRG** | International Country Risk Guide | |
| | 世界各国风险指南 | |
| **IPCC** | Intergovernmental Panel on Climate Change | |
| | 联合国政府间气候变化专门委员会 | |
| **NAFTA** | North American Free Trade Agreement | |
| | 北美自由贸易协定 | |
| **OECD** | Organisation for Economic Co-Operation and Development | |
| | 经济合作与发展组织 | |
| **PPP** | Purchasing Power Parity | |
| | 购买力平价 | |

**RTA**        Regional Trade Agreement
区域贸易协定

**RF**        Radio Frequency
射频

**SWF**        Sovereign Wealth Fund
主权财富基金

**SADC**        Southern African Development Community
南部非洲发展共同体

**TFP**        Total Factor Productivity
全要素生产率

**UNCTAD**        United Nations Conference on Trade and Development
联合国贸易与发展会议

**UNDP**        United Nations Development Programme
联合国发展计划

**UNEP**        United Nations Environment Programme
联合国环境计划署

**WTO**        World Trade Organization
世界贸易组织

# 第一章
# 导论：谁来接管地球

在经济史的长河中，当前的时代具有特殊的意义。在过去几十年中，世界各地几乎所有国家在收入、教育和健康方面都取得了显著进步。发展中国家的人均寿命从 1970 年的 56 岁，上升到 2010 年的 68 岁；年人均收入达到 5873 美元，与 1970 年相比，增长了近两倍。如此迅速而广泛的进步是史无前例的，哪怕是大萧条以来最严重的经济衰退，也没能阻止前进的步伐。

据合理推测，在未来 40 年中，世界经济规模将达到现在的 3 倍多。一些（尽管并非所有）发展中国家的发展将推动这一进程。而在 30 年前，拥有世界绝大部分人口的发展中国家，还只是默默无闻的求助者，远非趋势引领者。

然而，在今后的岁月里，这些新兴经济强国的崛起在带来机会的同时，也将带来风险。除非能很好地控制这些风险，否则将可能严重放缓甚至中止世界经济发展的进程。

本书不是第一本谈论"如何应对正在崛起的经济强国"这一主题的书。事实上，在参考书目的部分近期作品中就至少能看到四种相当不错的相关著作：其中一些源自政策层面，如经济合作与发展组织的《全球发展透视：转移财富》（2010）和世界银行的《全球经济展望：把握下一轮全球化浪潮》（2007，由我们促成）；另一些则面向大众，如弗里德·扎卡里的《后美国世界》和乔治·马格努斯的《起义》。但本书第一次系统地探讨了新兴经济强国的崛起将如何重塑世界经济格局，然后就全球化的四个主要渠道（即贸易、金融、移民和全球公地）分别分析其影响。前三者关系着世界各地的经济和政治制度，并加速了变化的到来；末者则需要为人类生存进行国际协调。

本书的主要结论是，发展中国家的崛起所带来的挑战无法确保经济的持续快速发展。存在四种可能减缓甚至中止经济发展进程的风险。它们可能单独发挥影响，但更可能共同产生作用。第一，新兴经济强国与既有经济大国可能无法适应同一个新的世界秩序，从而引发巨大的地缘政治纷争；第二，金融危机可能再度爆发，但这次可能会从南到北全面爆发，或者至少席卷南北；第三，贸易关系可能因各国未能适应来自各方竞争的冲击而被打破；第四，最危急、最紧迫的是，全球未能就温室气体排放权利达成协定，这将可能导致灾难性气候变化的发生。

这些风险是造福于世界众多人口的经济进步的过程中不可避免的。然而，它们可以通过制订正确的国内政策以及强化贸易、金融、移民和全球公地等方面的国际协调框架得以治理和减轻。

第二次世界大战结束以来，发达国家已通过七国集团（G7）、国际货币基金组织（IMF）、关贸总协定（GATT）和其他机构来进行全球经济决策。更重要的是，他们已经初步建立了具有华盛顿共识[1]特点的国内政策主导模式。这些国内和国际政

---

[1] 威廉姆森，1990 年。

策框架有很多缺点，既不能充分应对最贫困以及最脆弱经济体的困境，又不能在农产品贸易中和布雷顿森林体系下广泛地反映发展中国家的利益。尽管如此，在既有经济强国的领导下，全球生活水平和国际经济一体化也还是有了大幅提升。

这些国际国内的政策框架带领我们走到了今天。但以当前的配置来看，它们将无法驾驭未来的变化。在普通民众中广泛地出现了对全球化及其他方面的抵制，如对来自低工资经济体的移民以及这些经济体日益增强的国际竞争力等方面的抵制。而这类声音也越来越多地出现在几乎所有发达经济体的立法机关里。面对昔日的贫穷国家正在成长为最大的经济体这一事实，当前由富国领导的秩序正被逐步瓦解，地缘政治的分歧也出现在每一个国际机构之中。事实上，穷国将接管地球。中国、印度、巴西等三个发展中国家目前已跻身世界十大经济体行列。同时，尽管许多发展中国家发展缓慢，但到2050年，十大经济体中仍将有六个来自发展中国家（见表1.1）。他们的经济利益、社会结构以及（有时）政治制度与发达国家大相径庭。

### 表 1.1　世界十大经济体
**（G20 各国 GDP 在全球 GDP 中所占百分比，按 PPP 计算）**

单位：%

| 2010 年 | | 2050 年 | |
|---|---|---|---|
| 美　国 | 26.4 | 中　国 | 33.2 |
| 中　国 | 18.2 | 美　国 | 17.5 |
| 日　本 | 7.8 | 印　度 | 15.4 |
| 印　度 | 7.2 | 巴　西 | 4.3 |
| 德　国 | 5.3 | 墨西哥 | 3.4 |
| 俄罗斯 | 4.0 | 俄罗斯 | 3.3 |
| 巴　西 | 3.9 | 印　尼 | 2.7 |
| 英　国 | 3.9 | 日　本 | 2.7 |
| 法　国 | 3.9 | 英　国 | 2.1 |
| 意大利 | 3.2 | 德　国 | 2.1 |

资料来源：IMF 数据；作者预测。

20 国集团（G20）囊括了占世界 GDP 和全球贸易 80% 以上的发达国家及发展中国家经济体，最近作为备受推崇的经济论坛，它已取代了不合时宜的八国集团（G8，即加拿大、法国、德国、意大利、日本、英国、美国和俄罗斯）。虽然这是向前迈出的重要一步，也可能由此引发所有主要的国际经济协调机制开始逐步改革，但新的架构尚未得到检验。

本书并没有指出国内和国际政策框架改革所必须遵循的精密路线，当然也不可能有。相反，它结合一大批发展中国家的崛起及其带来的广泛挑战探讨了一些主要趋势。在可能的情况下，本书指明了一些也许是最奏效的原则和方法。

## 我们是怎样走到今天的?

停滞不前是以往人类历史的常态，大多数经济增长都是短命的。从公元 1 世纪初到 1820 年，人均收入的增长几乎察觉不到，年增长率不到 0.2%，18 个世纪总共增加了 50%。尽管也有某些经济体短期内生活水平得到迅速提升，但这些改进总体说来并没能传播到其他社会，而是随着时间的推移消散了。这种长期停滞与缺乏显著的技术进步直接相关。

18 世纪中叶的工业革命打破了这种长期停滞，但也将世界一分为二。先进的一组起源于英国的工业革命，带来了技术的快速进步，并传播到西欧以及欧洲探险者们所到达的人口较少的"新大陆"。后者凭借其丰富的自然资源，在许多方面俨然是欧洲社会的翻版。相比之下，剩下的地区就落后了。因为它们在地理上孤立，在贸易和思想上对外隔绝，或被海关和一些机构（包括由欧洲殖民者强加的）控制，难以像第一组国家那样采用提升生活水平的技术和方法。

在 19 世纪后半叶"明治维新"期间，随着国家经济的开放和工业化，日本首先成为滞后一组的突围者。大约在同一时间，随着苏联工业化的增强，其成为第二个显著进步的国家，但苏联模式最终失败。

直到"二战"结束后，非殖民化带来的体制空白才开始被填补，大量发展中国家经济迅速增长，亚洲经济奇迹开始出现。仅仅在过去的二十多年中，以中国、印度和巴西等为代表的人口大国，通过市场化机制和国际经济一体化的发展战略，在增长中走到了前列。如今，全球 68 亿人中，有 10 亿人生活在富裕国家，约有 25 亿人生活在 GDP 年增长率为 7% 以上的发展中国家，这种增长速度已经持续了一段时间，这在几个世纪以前实在是难以想象的。

然而，在过去十年中，许多发展中国家更落后了：有 23 个国家的 GDP 增长速度比发达国家的还要慢。而且，由于人口增长过快，有更多国家的人均收入反而降低了。全球有超过 10 亿人每天仍然靠不到 1.25 美元过活，25 亿人（世界人口的近40%）每天靠不到 2 美元过活。

因此，增长的进程还远远没有得到广泛普及。应该说，发展中世界的持续进步从一开始就选对了路。并且，近来的事实已经证明，由于技术的普遍适用性，只要能建立必要的国内条件来采用先进的技术，世界上每个地区的发展中国家都有可能极为迅速地增长。但同时，它们还必须善于向那些已确立稳定的宏观经济条件、向世界开放、具有较高的储蓄率和投资率且经济增长决定于政府和市场双重因素的经济体学习。现在人们普遍认识到，尽管个人的市场行为有助于推动市场经济的进步，一个能为市场经济提供产权保障、法律规则和适当教育的有效政府还是至关重要的。

# 2050 年——世界变了

一旦吸收先进技术的基本条件确立，发展中国家的增长速度将快于发达国家，因为后者在尖端创新领域的任务更为艰巨。

有一项实践调查研究 G20 各国经济增长的动力，其中有一半源于发展中国家。该调查表明发展中国家往往会增长较快的原因有四个。首先，它们的全要素生产率的增长往往比发达国家快 1~4 个百分点，因为它们吸收现成的技术；其次，在过去的十年中，它们投入了其收入的 27% 用于再生产，与发达国家的 20% 相比，所占比率较高；再次，他们的劳动力增长比工业国家要快 1~2 个百分点；最后，它们的汇率往往在实质上是升值的（反映其劳动生产率增长得更快），使得其在世界市场上的购买力增强，从而更有吸引力，具备更大的市场。

这些趋势在 G20 内部正在转变的经济体中尤为明显。据可靠预测（所有的长期预测都必然是有所保留的），G20 中的发展中国家成员预计在 2050 年以前将保持 4.6% 的年增长率，是发达国家年增长率（2%）的两倍以上。届时，发展中国家的 GDP 按市场汇率计算将占到世界 GDP 的 56%，按购买力平价汇率计算则占到 68%。发展中国家的预期增长率比过去十年中它们所表现的要低约 2 个百分点。这反映一个事实，那就是随着发展中国家的发展，其经济结构将逐步与发达国家趋于一致。例如，中国在未来四十年预计年增长率为 5.6%，而在过去十年中，它的年增长率是此数据的近两倍。

但是，即使 G20 中崛起的发展中国家将跻身世界上最大的经济体之列，他们仍然相对贫穷。到 2050 年，中国将成为最大的经济体，尽管如此，其人均收入按市场汇率计算仍将只有美国的37%。印度到2050年将成为世界第三大经济体，但按市场汇率计算的人均收入也将只有美国的11%。

这种情况还不包括众多今天仍然非常贫困的发展中国家，在过去二十年里它们的人均收入水平与发达国家的差距更大了。全世界每天生活费用低于1.25美元的贫困人口中，G20中的发展中国家目前占了近一半。尽管如此，据合理推测（见第三章），世界各地的贫困程度将大幅降低。单单G20成员的经济增长就可将每天生活费用不足1.25美元的人口数量从2005年的13亿减至6亿。

但要重申一下，唯有发展中国家的商业环境和与其相应的教育系统不断提高，这些进展才可能发生。同时，发达国家将不得不表现出更大的灵活性和创新能力，以确保他们的生活水平不断提高。在全球范围内，为确保发展，市场必须保持开放，贸易关系也必须加强。

## 贸易——发展的大舞台

即使最大的发展中国家，较之全球市场的规模和复杂程度，其国内经济仍然相形见绌。近年来，作为进、出口商，发展中国家的重要性都已显著上升，而且，在大多数情况下，贸易已经成为其经济成功的核心。事实上，尽管出口快速增长并不一定就能保证成功，但如果没有出口的增长，没有一个国家能维持经济增长。从这个意义上来说，尽管国内经济增长是必需的条件，全球贸易舞台（通过增加的进出口计量）却往往是发展成功与否的关键。

发展中国家贸易的扩大部分源自其对贸易自由化的支持，但也反映了自身经济结构的变化。发展中国家已经由原来的初级产品出口转向制成品出口，这为它们出口收入的增长带来更可观的前景，也增强了价格的稳定性。外国直接投资（FDI）的增加，为作为东道主的发展中国家在配套供应链、提供远程服务以及开采自然资源方面提供了支持。发展中国家中产阶级的壮大则带动了对诸如汽车等耐用消费品及服务的需求。

这些趋势预计还将在未来的四十年中得以持续。2050年，发展中国家，尤其是中国，将成为世界贸易中的一支主导力量。它们在世界出口贸易中所占的份额将翻上一番多，由2006年的30%增至2050年的69%，发达国家在出口市场上对它们的依存度将增加。中国将成为欧洲（不包括欧盟内部贸易）最大的出口对象国。中国和拉丁美洲将超过欧洲，分别成为美国的第一和第二大出口对象国。

尽管关贸总协定和世界贸易组织（WTO）在过去的几十年中提供了一个开放的和以规则为基础的贸易系统，且是引领我们走到今天的关键，但它似乎不能够再在全球范围内实现新的贸易自由化。在开放农业、服务贸易、投资以及劳动力的短期来往方面，还有一个巨大的议程仍未完成。发展中国家对制成品的关税仍然特别高而且分散。世贸组织多哈回合在发起9年后以失败收场，在乌拉圭回合期间的自由化进展又极为有限（在许多人看来），这一切让人失望透顶。虽然前几轮多边谈判打开了面向发展中国家的出口市场，但其自由化大部分取决于自主的政策选择。最近，双边和区域协定已开始发挥越来越大的作用，它们在世贸组织以外谈判，且实际上不受其规则的约束。

以世贸组织目前的构成，全球经济的预期变化有可能进一步阻碍经济发展的进程。世贸组织要求以协商一致的方式取得一个单一的承诺，这意味着所有国家每达成一项承诺，都必须同意该承诺的全部。这也就意味着，反对任何条款或者没能包括某项条款，都可能会违反那些谈判所希望达成的"眉毛胡子一把抓"

的协定，从而导致谈判的破裂或是达成一些起不到显著作用的"稀释"协定。

一个愿意并且能够推动多边贸易协定的领导者是不可能脱离这个日益多极化的世界的。发达国家充其量能在未来慢慢减少失业并减轻经济危机带来的债务负担，它们将致力于重建自身饱经风霜的经济。而发展中国家将忙于处理内部巨大的贫富差距，发展国内落后地区。然而，由于技术的复杂性以及在一个高度变化且日新月异的背景下强加一些有效规则所产生的诸多问题，许多复杂的议题（包括服务、投资、农业补贴以及发展中国家的制成品进口）可能仍将被置于应遵循的跨国规则之外。

因此，要在贸易自由化方面取得进一步的进展，需要以其他方式来替代烦琐的多边程序。自主改革很可能仍将是主要的动力，特别是当发展中国家的贸易壁垒对其他发展中国家造成日益深重的伤害时，它们仍然有足够的空间可以改善。例如，它们在贸易加权下的最惠国关税保持在 10% 左右，这是发达经济体关税（3%）的三倍以上。

如果双边和区域协定比多边途径具有更大的作用，可以在诸如服务、投资和政府采购等专业领域实现改革的话，它们也有可能得到进一步扩散。高度专业化的多边协定的重要性也在上升，因为一些主要成员国发现，如果迎合众多小成员国的要求，则不可能进行更深层次的整合（例如，在金融调控或减缓气候变化方面）。

世贸组织需要积极应对这些新兴的趋势，而不是与之对抗。首先，它必须鼓励自主的贸易自由化，支持多边协定，并推进合作方式的全面化，建立起保护最贫穷国家利益的争端解决机制。其次，它应当鼓励精心设计的区域协定，而不是将任何区域性的合作方式一概视为威胁。最后，它必须寻找机会巩固多边业已取得的进展，包括取消所有 3% 以下的关税，禁止农业出口补贴，按原产地规定采取统一的（或至少是无偿的）章程，为最不发达国家提供免税、免配额的渠道。

# 金融——给马上缰

同贸易一样，金融作为全球整合的渠道之一，是经济发展的天然动力和重要补充。随着收入的增加，发展中国家的企业和居民可以利用流动的国际市场来融资，筹集更丰富和便宜的资本，进行海外投资和分散其投资组合。同时，国际投资者也期待利用发展中国家快速增长带来的投资机会。但与贸易大大不同的是，金融一体化不光要考虑潜在收益，还必须权衡金融动荡联动所产生的巨大成本和风险。

随着收入的增加以及国家间通过贸易、旅游和通信紧密相连，金融一体化变得势不可当。因此，政策的任务是通过监管和对风险交易实施明智的约束，限制其潜在的不稳定性。

近年来，发展中国家不仅进一步融入了国际金融市场，在外汇储备的积累和资本流动中，它们也发挥了至关重要的作用。它们已经持有 50% 以上的全球外汇储备，占其国内外商直接投资的 33%，这也是外国直接投资的一个日益重要的来源。在过去的二十五年里，发展中国家的私人资本流入量大幅上升，从 20 世纪 80 年代中期占 GDP 的 1.3% 增长至近年的 5%。尽管发达国家有望在较长时间内仍保持全球金融中心的地位，但随着发展中国家逐渐成为世界上最大的经济体，资本流入的这一趋势预计还将持续下去，而且可能进一步加速。

发展中国家的金融一体化进程对它们自身和世界经济都将产生巨大影响，而且并非都是正面的。许多发展中国家的金融机构相对薄弱，例如，它们依靠银行和企业的审计与会计服务对风险进行监测，而这是不够的。它们的政府在有效应对危机方面的能力有限，这将大大增加这些金融机构的脆弱性。过去，对外开放资本市场的发展中国家在金融危机中付出过巨大代价。最近的事件尽管也凸显了发达国家金融系统的弱点和漏洞，但危机对它们的影响仍然相对较小（尽管也不能忽略）。

随着发展中国家在全球金融业的分量加重，潜在代价极高的系统性风险可能还会上升。如果有一个发展中国家爆发金融危机，马上便会有全球性的影响，这是一个全新的系统性风险源。由于美国是世界上最大的经济和金融中心，它的金融系统一旦崩盘，世界经济将会受到巨大影响。而当中国成为最大的经济体，它在全球金融的参与度上升，一旦其出现危机，也将有类似的影响力。况且它的金融和政治机构处理国内重大金融危机的能力尚未经过检验，届时情况将更为复杂。

金融一体化的风险更凸显了强有力的财政政策的必要性。发展中国家在开放国内资本市场时应当万分谨慎，并应投入更多资源进行金融监管。金融管制和监管审查的结合将因国而异，但谨慎是必不可少的。发达国家应该寻求并支持发展中国家监管能力的改善，这将降低代价巨大的全球性危机爆发的可能性。

爆发更大和更频繁危机的可能性也增加了世界各地进行金融政策协调的重要性，因为一个松散的缺乏协调的监管网络，可能造成不稳定的金融流动，并增加监管套利的机会。然而，因为国家大小、收入和政策目标的不同，这种协调将充满挑战。

金融监管方面的协定需要充分反映发展中国家的利益和能力；富国俱乐部内部的"君子协定"已不能确保全球金融的稳定。全球性协定还需要把重点放在限制风险承担能力和鼓励监管金融机构的合作上。

此外，正如经济大萧条中所强调的一样，需要有一个拥有足够资源的合法的最终贷款人。发展中国家对国际金融机构的贡献预计会增加，但即使是分量加重，要找到拥有解决重大危机资源的最终贷款人也不是那么容易的。在这样的情况下，各国政府必须在危机管理上精诚合作。那些被危机折磨而出现赤字的国家，在融资中将可能面对需要做出重大承诺或者被迫接受附加条件等方面的困难。这样就会增加债务国以拖欠债务来解决危机的可能性，而接受这种可能性也十分重要。

## 移民——被忽视的全球化支柱

国际移民作为全球经济一体化的第三个主要渠道，与贸易形成了鲜明的对比。在过去的一百五十年里，全球贸易壁垒已明显下降，而移民壁垒却逐步增加。就经济而言，这种现象是有害的，因为国际移民带来的收益其实要超过贸易获利。

移民将带来更为重要的后续社会影响，这一事实可以比较合理地解释这两种不同的政策趋势（尽管未必正确）：接受一个新的移民比进口一台新机器所带来的社会影响要大多了。在政府决策时发挥更大作用的是对这些社会效应的看法（大多数人通常感觉是负面的），而不是移民带来的经济利益或是分配方面的影响。

首要的社会问题是目的地国往往会竭力捍卫其在移民政策方面的特权，而原籍国也不愿做任何让步。因此，国际协定对移民政策的影响不大。尽管为劳动力自由流动原则的边界服务所付的代价相当大，但区域协定（除欧盟外）在降低门槛方面鲜有作为。双边协定已经让低技术工人的合法移民便利了不少，但最近达成的协定只覆盖了少数工人，尤其是与来自该国的非法移民人数相比。

移民的高门槛导致了不良后果。在许多目的地国，移民管制收效甚微，反而造成了大量的非法移民，减少了移民带来的福利收益，也削弱了民众对法律和社会价值的尊重。这产生了一个非常奇特的状况：富裕国家为努力实现其社会目标而选择放弃移民带来的可观的经济收益，但在此过程中，它们却造成了巨大的社会问题，即非法移民。而且即便它们已经为加大那原本可怜的执法力度而动用了大量资源，却还是让移民更容易受到人身威胁和性虐待。现今的移民政策在严重降低富裕国家移民收益的同时，还造成了巨大的社会问题。

随着移民供求的上升，效率低下的政策框架将变得更具破坏性。富裕国家的人口老龄化将增加其对服务业的需求，这些原本可以由移民来承担。而在许多发展中国家，相对年轻化的人群将储集起大量的潜在外流人口。运输和通信方面的技术进步以及便利的目的地国原有移民的广泛网络，可能会进一步降低移民的成本。国际工资差距对移民形成鼓励的状况还将持续，而发展中国家收入的增加又将为工人移民提供巨大机会。

随着发展中国家在全球经济中变得更加重要，它们为本国国民提供移民服务的能力也将进一步改善。例如，它们将向国民提供领事代理，以及关于移民风险和机会的信息。而且，发展中国家持续的城市化进程将打破原来的社会网络，更广泛地传播移民的信息，而这些将进一步增加移民的数量。

个别发展中国家将发展自己的移民政策，许多国家正在成为移民的重要目的地国。但修复陈旧框架的责任则完全落在了富国的肩上。更合理的移民政策，不仅能极大地增加全球福利，还可以帮助富裕国家建立更加和平高产的社会。特别是目的地国能够接纳它们的移民并使其融入社会，而不是对其予以惩罚。在欧洲，这意味着要为移民的后裔提供真正的经济机会；在美国，这意味着不要依赖警方在控制非法移民方面采取行动（尽管这种方式越来越受欢迎，但实践证明已完全破产）。在移民政策方面，尽管那些被广泛支持的领域（比如保护移民不被人贩子伤害）可能取得了进展，但国际协调仍只能发挥辅助作用。

## 全球公地——一个二十一世纪的悲剧?

全球公地不属于任何国家，却被多国开采，由此引发的冲突是发展中国家崛起为国际合作带来挑战的最引人注目的例子。限制气候变化、维护空气质量、避免用尽海洋资源以及有效利用网络通信等问题都跨越国界，而且不能通过市场机制得到有效处理，因为谁也说不清楚社会公共资源减少所造成的成本究竟是多少。因此需要各国政府之间通力合作，而这项任务实在艰巨。发展中国家经济增长快速且人口众多，这意味着它们会更积极地利用资源。但它们的收入、技术水平、政治结构和社会价值观与发达国家差别很大，这就使得问题更具挑战性。

这种紧张关系在气候变化这一最关键的问题上已经表现得十分明显。现在，发展中国家每年的碳排放量超过了富裕国家，这一问题几乎成了它们参与所有协定时不可回避的关键问题。但它们不愿意以控制碳排放来牺牲未来的经济增长，这是可以理解的，因为目前形成气候变化的大气碳储量主要是富裕国家排放造成的，而且发展中国家的人均碳排放量仍然远远低于发达国家。

发展中国家与发达国家之间以及发展中国家之间的差别也可能阻碍它们在其他领域的全球合作。疲弱的管理使得发展中国家在保护其边界内的森林资源、保护通过其管辖范围内的洄游性鱼类以及合作检测和控制传染病等方面都十分困难。至于电信方面，专制政府往往出于其政治控制方面的考虑及保守的社会价值观而限制互联网通道。

随着发展中国家经济重要性的上升，想要高效而公正地解决大多数全球公地问题，就需要它们的参与。因此，挑战在于搭建一种鼓励发展中国家参与且能达成有效协定的全球谈判架构。限制参与的成员国，同时兼顾对策草案和对非成员国的最终接纳，这可能是一种平衡协定合法性和有效性的办法。给参与者提供技术或设置奖励，并根据技术和其他情况的变化对协定进行相应的修订，或许也能有所裨益。

经验表明，国际协定谈判的成功与否取决于问题的具体特点。在问题存在广泛共识时达成协定最容易，但事实并非总是如此。一旦出现了问题，少数国家应是主要促成国，并且由主要责任者承担没有达成协定的代价；对于那些关于提高效率（双赢游戏），而非限制资源使用的协定，在谈判时就比较容易步入正轨。

从这个角度看，在限制碳排放上达成协定的前景是渺茫的。关于气候变化的威胁存在严重争议，重大排放国的数量众多且在不断增长，每个国家的利益损害却不与其排放量的份额直接相关，而任何有效协定又需要限制能源消耗，这就意味着该行为会限制经济的增长。

尽管如此，这一议题的威胁太大了，我们必须找到一条出路。限制排放的倡议正在一些地区、国家和区域推行。先在最大排放国中制定协定，随后再逐步拓展，这也是一条出路。技术显然可以发挥更重要的作用，因而在提高能源利用率方面，发达国家还有许多地方可以帮助发展中国家。

比起气候变化，人们在控制传染病等方面的努力就显得容易多了。因为这种威胁是有目共睹的，每个国家都强烈希望控制自己国内的流行病。尽管控制传染病同样需要政府支出，但很少会出现所需资源要增长时同时需要被严重限制的情况。

# 撒哈拉以南的非洲——它能有所突破吗?

全球经济可能会被几个新兴大国（巴西、中国、印度、印度尼西亚、墨西哥和俄罗斯）的崛起改变。那么撒哈拉以南的非洲地区，作为近 9 亿人的家园，也将发挥重要作用吗?答案尚未可知，但是其可作为的空间很大。在这个地区中，有约一半的人口在 2005 年还生活在绝对贫困中。尽管该地区在世界上的影响力有限，但它的增长前景对人类整体而言同样重要。

在危机前的十年里，撒哈拉以南的非洲地区的经济得到了快速增长：截至 2008 年的十年里，有 17 个非洲国家的经济增长率达到了 5% 或更高，而再往前推十年，只有 7 个经济体达到如此。尽管非洲的经济增长率在发展中经济体中仍然处于下游水平，但它终于改变了长期人均收入下降的局面。初级商品尤其是石油价格的上涨，给它们带来了更快的增长：1999 ~ 2008 年，资源丰富型经济体的 GDP 年增长率达到了 6%。但自然资源只是一部分，该地区 36 个非资源丰富型经济体的增长率也翻了近一番，这主要归功于服务业的迅速扩大。政策改进支撑着许多国家的较快增长。这些政策包括低通货膨胀率、低政府债务、减少贸易壁垒、改善商业氛围、增加教育投资和减少冲突，等等。

撒哈拉以南非洲地区在持续快速增长方面面临着许多挑战和机遇。低储蓄率（受低收入和不发达的金融业所限制）以及有限的对外融资渠道使得投资率的增长率在过去十年中一直低于 GDP 的增长率（20%），更远远低于最成功的发展中地区 30% ~ 35% 的增长率。由于教育资源匮乏、管理疲弱和基础设施不足（尽管最近有所改善），生产率增长仍然很慢。对初级商品的依赖可能会使该地区受贸易下滑和高波动性的支配。从乐观的一面来看，新兴经济体的崛起将增加出口非洲的需求和资金的供给，而越来越多的中产阶级消费者将推动国内对高品质商品的需求。

高生育率带动了劳动力的增加，大量年轻人都没有合法身份。如果能有充分的保健、营养和教育体系，青年劳动力即将到来的骤增时代能使收入急剧增长。但是，如果不能更好地提供这些公共产品，更多的劳动力就可能意味着高失业率和更深重的贫困，或许还有社会动荡。非洲的未来在很大的程度上取决于政府提供必要福利的能力。

## 面对变化——需要一种全球意识

我们生活在一个非常时期。最近全球福利的改善前所未有，并有望持续。这可能将使亿万人从极端贫困中解脱出来，并将改善世界各地的生活水平。

但发展中世界经济的快速增长可能会对未来的发展产生严重威胁，它们从与强国交往的紧张局势中觉醒，从而增加了金融危机和贸易保护主义反弹的风险。很明显，更高的生活水平已经增加了碳排放量，并加大了环境灾难的可能性。发展中国家的崛起，使得应对所有这些问题的全球性合作变得更为困难，而多边框架尚且无法处理目前的挑战，更不用说面对未来更大的问题。

未来将迎来更大的繁荣还是灾难性的政治、经济危机以及气候灾害，关键取决于政策的制订和实施，要看它们是只为追求本国利益，还是为进一步加强全球合作而设计。总的来说，如果想要达成有效的成果，国际谈判必须认识到发展中国家经济日益增长的重要性。但在大多数领域，若企图在全面协定上达成共识（像联合国公约和世界贸易组织声称的那样），则注定要失败或者达成形同虚设的协定。

在某些领域，如贸易、精心设计的区域、双边谈判以及那些关键国家间在专业领域的协定，可能会产生可观的效益。而在其他领域，如移民，国际协定的影响力则相对有限。各国要制定出良好的移民政策，似乎注定了是要自己去寻找出路。而寻找扩大经济效益、改善移民福利的更合理的方法，其实潜力是巨大的。

由发达国家和发展中国家组成的新的 G20 集团有助于世界避免沦于萧条，但作为一种加强全球管制的机制，它有许多弱点。因为它已经变得过于庞大和笨重，存在瘫痪的危险。然而，这个团队已经确立了自己作为卓越的经济论坛的地位，它做出的承诺为很多问题的解决或取得实质性进展提供了载体，而这些问题往往被如 G7 这种相对小些、不具代表性的论坛以及联合国大会这种较大论坛所忽略。

国际合作要适应发展中国家不断增长的经济分量，光有好的设计还远远不够。各国公民都需要拓宽他们的视野，站在全球的高度来看问题。正如国家认同感的增强能促进民族国家的发展，而反过来民族国家的发展又能增强国家认同感一样，如果没有全球意识的传播，全球所关注的问题是不可能得到有效解决的。就像本杰明·富兰克林在美国某个关键的历史时刻曾说的一样："我们必须团结一致，先生们……否则，我们肯定将被逐个绞死。"

## 参考文献

1. 威廉姆森·约翰：《华盛顿的政策改革意味着什么?》，《拉丁美洲调控对策：到底发生了什么?》，华盛顿特区，国际经济研究所，1990 年。

# 第二章
# 我们是如何走到今天的：
# 一部发展简史

## 发展简史

经济停滞一直是历史的常态。工业革命标志着经济持续增长的开始，但也将世界一分为二：其一为欧洲及其地广人稀的殖民地，这些地方收入迅速增长；剩下的地区则属于另一部分。收入和技术水平的不同便从此延续下来。

日本是第一个没有承袭欧洲模式而成功摆脱贫困的国家，它的经济从 19 世纪下半叶开始快速增长。但直到第二次世界大战后，经济上的成功才开始在东亚的几个国家和其他大洲的一些国家更广泛地传播开来。

在过去的二十年里，中国和印度加入了迅速增长的国家行列，而且经济发展的条件在更多的发展中国家中得以确立。当这些条件与时机齐备，便有可能带来飞速的经济增长。

千百年来，人类在技术、经济产出和生活水平上只有零星的进步。伟大的文明总是斗转星移，未能持久。没有一种进步可以持续而广泛地传播。然而，从 18 世纪中叶到 19 世纪中叶，适宜的机制、有利的地理位置、日益强大的帝国和一些决定性的技术发明共同促生了英国工业革命，它使英国的人均收入得以持续增长。

然而，工业革命之后，技术和经济增长还是没能均匀地传播到世界各地。只有少数欧洲国家及其人口稀少的殖民地实现了成功转型，它们从大都市学习了制度、教育和技术。但是，拉丁美洲、亚洲和非洲这些人口众多且在制度上更土著化的地区在被殖民和抵制欧洲影响的过程中进一步落后了。

19 世纪后期的日本未被殖民，它成为第一个从缓慢增长中破壳而出的非西方国家。它具备有利的初始条件、君民上下的一致努力以及一种强烈的向发达国家学习的欲望。但是，直到 20 世纪下半叶，日本的成功在东方世界仍然是一个特例，因为支持强劲、持续发展的条件在大部分发展中国家和地区尚不具备。

发展简史说明了如下五个关键点。第一，经济发展往往无法得到保证。事实上，经济停滞是历史的常态，发展进步往往难以持续。第二，促使经济持续增长的条件是众多而复杂的，无法列出单一的解释或简单的条件，比如说，18 世纪末英国的工业革命，促发它的条件就有很多，且相互作用。第三，持续而普遍的收入差距在历史上司空见惯，直到今天依然如此。第四，只要具备有利的条件，生产力和技术方面的巨大差距就将缩小，并将促进经济极为迅速地增长。第五，过去二十五年的经验表明，大部分发展中国家和地区都在日益具备追赶发达国家的条件，尽管这种现象还远远不够覆盖全体，但它们如今拥有超过 80% 的世界人口，将创造全球经济前所未有的一个增长阶段。

# 一个没有进步的世界

经济增长往往无法保证，经济停滞是人类历史的常态。从 1 世纪初到 1820 年，世界经济总量的增长率不到 70%，而世界人口数量却翻了两番多。换而言之，超过 1800 年的时间内，平均每人的总收入增长率只有 50%，年均收入的增长率少于 0.2%[1]。

尽管这些数据具有一定的不确定性，但几乎所有的推测都得出了一个相同的结论：平均说来，从远古时代到工业革命，人们在一生中几乎看不到经济的发展。虽然平均情况掩盖了那些短暂的进步，但同时也掩盖了那些收入实际下降的情况。非洲"1820 年的人均收入比 1 世纪的还要低"[2]。工业革命前，英格兰作为当时最先进的国家之一，其劳动者的工资估计比古巴比伦和雅典时期的还要低[3]。

尽管人均收入长期停滞，但是随着人口自身的增长，比如中国人到亚洲其他地区以及欧洲人到美洲，世界经济总量还是在缓慢地扩大。这种"粗放型"的经济增长与如今常见的"集约型"经济增长形成了鲜明对比，后者主要依赖生产力水平的提高[4]。贸易的增长也极其缓慢（见第四章），但其增长为生活水平的提高提供了平台，尤其是在罗马、欧洲及其殖民地。

## 为何没有改进？

虽然讨论经济长期沉睡的原因更像是学术辩论的课题，已超

---

① 麦迪森，2001 年，附录 B。
② 麦迪森，2001 年。
③ 克拉克，2007 年。
④ 麦迪森，2001 年。

出了本书的范围，但究其停滞的核心原因，很可能与缺乏显著的技术进步有关。与今天发达国家2%左右的年增长率和新兴经济体甚至更快的速度比起来，工业革命前的技术进步实在是太慢了，年增长率仅为0.05%[1]。

千百年间，还是有重大技术进步的，譬如说古时候的轮子、犁和帆船以及近些的印刷机；也有细微的技术性改良，例如农业逐渐变得更有效率了，银行和信贷系统早在12世纪就已被采用。但是并没有实质性的突破，例如罗马帝国时期信息传播的速度与在1400年以后的威尼斯大致相同[2]，而后者在当时还算先进的地区。有些地方的技术甚至还出现了倒退。13世纪时，中国的现代船舶、水钟和先进的煤矿产业给游客们留下了深刻的印象，但后来他们却发现中国人已不能生产这类东西了。

渐进的技术改良使一些社会得到短暂的快速发展，然而，这些改进没能产生永久的收益。在古罗马，它们有道路、先进的法律制度和活跃的贸易网络，估计当时工匠的生活水平就已和1929年意大利工人的一样高了[3]。在公元1000年前后，中国的技术蓬勃发展，它的人民享有世界上最高的收入[4]。中国和古罗马的高收入也有助于保持其适度的人口增长。但是，这些进展并不是永久性的。罗马帝国后来走了下坡路，终于在476年彻底崩溃；中国也在1300年左右开始落后于其他地区。

这些技术的改进也未能传播到其他社会。技术随着成功文明

---

[1] 克拉克，2007年。克拉克根据对人口增长、人均收入的变化（他假定是微乎其微）、土地租金的估计来计算技术的增长。对这一计算的详细解释，见克拉克（2007年）。

[2] 克拉克，2007年。

[3] 卡梅伦，1989年。

[4] 麦迪森，2001年。

的壮大和人口的增多而得以传播，但其他落后地区很少能采用这些改进技术。所以，当这些社会开始动荡，技术改进的浪潮也就随着一同退去了。

除了这些成功个例，技术仍旧停滞不前，人民生活水平仍然低下。一些学者认为即便在粮食产量增长、人口增加，不存在重大冲突、疾病和饥荒的时代里，生活标准实际上仍然下降了，这类观点始于18世纪后期开始的并且延续至今的马尔萨斯理论。没有快速的技术进步，一定量的土地和一定量的人所能生产的食品和其他商品的数量是相对稳定的。随着人口的增加，当粮食产量增加时，土地和每个劳动者的边际收益却在减少，这使得平均生活水平反而下降。这种人口规模与生活水平成反比的关系，又被称为"马尔萨斯陷阱"。它的支持者们认为，如果没有技术进步，要显著提高人民生活水平，就必须像14世纪发生大瘟疫时那样使人口数量减少①。

尽管一些历史学家质疑"马尔萨斯陷阱"，但很少有人会怀疑工业革命以前个人收入的增长局面。现代经济中公民所熟悉的温和、稳定的经济增长是一个新近才有的现象，而且直到最近才有小部分国家达到。

## 突　破

稳步增长的现象始于英国工业革命，那时的技术进步和人均产值及收入的增加不仅持续着，并且还选择性地传播到其他地

---

① 相反，在依赖自给自足的农业社会中，较高的预期寿命将意味着生活水平的下降。"马尔萨斯陷阱"可能有助于部分解释20世纪80、90年代非洲人均收入下降的原因。

方。这是开天辟地的第一次，即便人口在增加，渐进而可察觉的人均收入也开始持续增长（年增长约0.5%）①。技术变革和资本投资，而不是人口规模和土地可用性，开始推动经济增长。

从纺纱机到蒸汽机，新技术使得大众消费品（始于棉花产业）的生产过程现代化，同时增加了企业的规模。最初比羊毛和亚麻产业规模小的棉花产业增长显著。以规则为基础的、有纪律的工厂应运而生。煤炭产量随着需求的增加和开采技术的提高扩大了②，而蒸汽机的发明提高了煤炭作为能量来源的效率，减轻了对水的需求压力。农业的作用相对下降。因其生产率的提高，劳动力从农业部门逐渐转移到其他部门。

尽管不同学者对工业革命时间范围的划定莫衷一是，但这个过程显然花了很长时间。单单只是纺织这个相对简单的行业实现机械化，就花了超过60年。它的第一个关键创新发生在1766年，即珍妮纺纱机；而最后的改良发生于1830年，是一头自动"骡子"。

## 选择性扩散

最初，生产率的增长和人均收入的提高主要集中在英国③。

① 工业革命的这个版本是今天较常见的，早期的学者认为（包括兰德斯和阿什顿），工业革命标志着英国近代经济快速增长率的一个戏剧性和相对迅速的过渡。工业革命的确切日期和范围至今仍有争议，不同的学者界定的时间范围相差最大可达几个世纪。

② 关于技术对增加煤炭产量的作用，学者们的看法各不相同。有些人，像阿什顿和彭慕兰，认为技术进步大大提高了矿井的产能，而且技术进步是工业革命生产收效的核心。其他人，包括克拉夫茨、哈雷和莫基尔，则认为，开采技术的进步微乎其微，生产只是沿着现有的供给曲线在增长，是对不断增长的需求的回应。

③ 一些学者认为，在英国工业革命开始的时候，类似的技术进步已经为荷兰带来了持续的生产率增长（克拉克，2001年）。

到 1815 年，大不列颠的工业生产占世界工业生产的四分之一，已成为领先的商业国家①。并不是因为 18 世纪中期的大不列颠具备某些特性才开启了这种转变。相反，体制、地理和技术因素的独特融合才是它的动力。政府下达的关于保护财富和建立产权的承诺，创造了投资和创新的激励机制②；英格兰的岛屿位置提供了廉价而可靠的水运（这是在铁路之前运输散货最有效的手段），并帮助英格兰获得了海军优势③；其丰富的煤炭资源为促进工业革命的发明提供了一个既有的能源来源④；其帝国性质使它不必使用自己的土地或劳动力也能够获得新的资源⑤。这些因素相辅相成：比如，体制的激励机制促使新兴的棉花产业的新发明，英国对于棉花生长茂盛的地区（如美国）的殖民统治也是至关重要的部分⑥。

虽然工业革命最初集中在英国，但几十年后，这场革命也影响了欧洲其他国家和其人口稀少的殖民地，即澳大利亚、加拿大、新西兰和美国。它们复制了宗主国的很多条件和机制，又有丰富的土地和自然资源⑦。19 世纪 80 年代，美国在人均收入和工业生产方面已经超过了英国。到了 1913 年，欧洲西北部的收入大约相当于英国的 80%，阿根廷、澳大利亚、加拿大和新西兰等国的收入也相差不远。

但是，仅仅存在技术创新是不足以确保经济的进步的，因为它的传播是渐进且具有高度选择性的。尽管有些学者争辩说，世界其

---

① 卡梅伦，1989 年。
② 诺斯和温加斯特，1989 年。
③ 卡梅伦，1989 年。
④ 卡梅伦，1989 年。
⑤ 彭慕兰，2000 年。
⑥ 彭慕兰，2000 年。
⑦ 为简单起见，简称为"西方"。

他地方，尤其是中国和日本，在 19 世纪以前曾一度与欧洲一样先进，但简而言之，大家都同意，工业革命使非洲、亚洲和拉丁美洲的大部分地方都成了牺牲品①。在工业革命开始的 150 多年后，印度还有 200 万台手摇纺纱机，而且只有不到 1% 的印度工人受雇于现代工厂②。即便到了 20 世纪末，发展中世界的增长急剧加快以后，西方和日本的人均收入仍然是东方其他国家的近 7 倍。

## 欧洲——良好的机制、快速的传播

最初，工业革命传播到欧洲国家得益于它们拥有和英国类似的机制。最先是法国，然后是比利时、荷兰、意大利及德国的部分地区。"拿破仑法典"规定了财产权益③，市场与理性的企业组织也因此大受裨益，同时，强大的教育系统建立了人力资本，使得进一步创新成为可能。17 世纪席卷欧洲的智力革命激励了科学研究，而且，实际上欧洲大陆公众对于教育的支持比英国更强大④⑤。

与英国类似，欧洲大陆国家也从海外殖民地得益颇丰，它们减轻了国内在土地、能源和劳动力方面的压力⑥⑦。到 1900 年，

① 同样，简称为"东方"。
② 克拉克，2007 年。
③ 卡梅伦，1989 年。
④ 卡梅伦，1989 年。
⑤ 彭慕兰（2000 年）挑战"这是欧洲独有的特征"的想法，指出中国在 17 世纪时对科学和数学存在类似的兴趣。
⑥ 彭慕兰，2000 年。
⑦ 一些学者坚持认为，殖民地从殖民者的统治中受益。奥布莱恩和普拉多斯德拉埃斯科拉则认为，帝国主义在经济上与欧洲的长期增长不相关，而且在某些情况下，资金本该在国内而不是在殖民地实现更好地分配。其他人（包括格罗斯曼和易锁）则指出，21 世纪中叶，殖民地对它们的殖民政府来说可能已经是纯粹的负担。

欧洲国家让世界 35% 的陆地成为其殖民地。它们除了自己微薄的 400 万平方英里外，还控制了 2000 万平方英里的土地①。殖民主义增加了现有市场和专业化范围的规模和可预见性。

一定的地域特色也发挥了作用。比如，丰富的煤炭、棉花和铁使工业革命在一些国家的传播更为容易。拥有丰富煤炭的比利时和德国比其他不具备同样资源的国家②能更早实现工业化③。地理上接近英国也能有所帮助：平均来说，在西欧已知的第一个对英国新发明的运用发生在英国采用这些发明的 13 年后，而拉丁美洲则在 52 年以后④。但是，技术的进步，如电报的产生，以及基础设施的发展，如苏伊士运河和巴拿马运河，很快便加快了信息传递的速度。

## 地广人稀的殖民地——良好的气候、丰富的资源

工业革命前的殖民地大致可以分为两类：一类地广人稀⑤，欠发达，但拥有丰富的自然资源，如美国、加拿大、澳大利亚和新西兰；另一类，人口稠密，具有既定的文化和机制，包括亚洲、拉丁美洲、中东、非洲和部分加勒比海地区。

促进工业革命传播的机制随着欧洲人的定居在其地广人稀的殖民地自然产生，但在人口较稠密的殖民地添加这些机制却是不

---

① 克拉克，2007 年。
② 瑞士、荷兰、斯堪的纳维亚、奥地利、匈牙利和俄罗斯帝国。
③ 卡梅伦，1989 年。
④ 克拉克，2007 年。
⑤ 即便是在地广人稀的地区，"土著人口被一次次地连根拔起，为渴望土地的新人们让路"，这些新到来的人的武器、疾病和外交让扩张成为可能（兰德斯，1999 年，311 页）。

受欢迎的，因而要困难得多。

在地广人稀的殖民地，殖民者在那定居，给大多数居民确立私有财产权。实际上，建立的机制即是其本土机制的延伸，因而更符合资本主义，而且有利于社会上多数人（而不是少量精英）人均收入的增长①。教育也被高度重视，18世纪下半叶，美国北部殖民地的教育水平超过了英国本土②。到1850年，几乎所有的美国北部殖民地都要求建立对所有儿童免费开放的学校，费用均由大众税收支持③。

这些地区的气候和资源有助于巩固这些机制。例如，在美国北部，气候最适于种植谷类植物，但是它的产量对于发展出口或规模经济的效益来说太低了。因此，小面积、分布均匀的土地所有方式在北部广为运用。1900年，乡村中75%的美国家庭和90%的加拿大家庭都拥有土地，而到了1910年，在墨西哥仅有2.4%的家庭拥有土地④。平等而面积较小的土地所有权需要大家在技术上自给自足，这鼓励了创新，并更好地实现了对土地所有者和劳动者的统一激励。

然而，在美国南部殖民地的情况却大相径庭。这里的土地最适于种植能产生规模经济效益的作物，因此使用奴隶劳动的大规模土地所有方式广为运用。事实上，在一定程度上，南部复制了那些人口稠密的殖民地的一些做法，它们进口非洲黑奴（下文进行了讨论）。也许因此，南部殖民地未能与北部的工业化同步，以至在南北战争过去后很久，其在工业和制造业上仍然依赖北部。

---

① 恩格曼和索克罗同样发现，在人口较少的地区，教育系统和其他机制更有利于人均收入的增长，但他们认为，这是因为其目的是鼓励移民。
② 麦迪森，2001年。
③ 恩格曼和索克罗，2005年。
④ 恩格曼和索克罗，2005年。

# 人口较稠密的殖民地和非欧洲国家——因市场、廉价劳动力和原材料利用而得以开发

在人口较稠密的亚洲、拉丁美洲、中东和非洲的殖民地，殖民者摧毁当地机制，并将这些地区开发为产品销售的市场以及廉价劳动力和原材料的供给地①。鉴于既有人口数目巨大而殖民者数量较少，难以建立有利于保护私人财产权利和平等的机构。因此，这些殖民地具有较少的资本主义特征，而且它们的人民仍然基本上不受教育、被剥夺土地所有权并依附于精英和外国列强。即便是最先进的拉丁美洲殖民地，为广大民众提供教育的渠道也要落后于美国和加拿大75年以上②。除此之外，还有一个极端案例，这种模式的更近的版本出现在南非已废除的种族隔离制度中，其中黑人任何形式的资本、教育权利和土地都被有效剥夺。

这些殖民地的丰富资源又一次加强了殖民者建立剥削制度的倾向③。在墨西哥，像畜牧业和林业这样的关键部门若要追求效益的话，自然需要大片的土地，这便导致了不太公平的土地分配和较低的自足率。巴西的糖业也有类似的情况。拉丁美洲的核心产业之一——矿产开采更是以一种压迫尤为严重的方式进行。西班牙殖民者强迫土著劳工下井劳作，臭名昭著的有玻利维亚的波

---

① 阿西莫格鲁、约翰逊和罗宾逊，2002年。
② 恩格曼和索克罗，2005年。
③ 贝洛克（1969年，1975年）认为不同的气候条件也限制了这些国家和殖民地早期农业革命的传播和关联，他主张农业革命对一场强有力的工业革命而言是必要的先行者。

托西矿山。但是，并非所有殖民地之间的分化都归因于殖民者对当地人口密度和发展的不同反应。不同殖民者坚持的取向不同，甚至无关人口稠密与否。

在所有帝国主义国家中，英国的做法似乎对经济长期增长造成的损害是最小的①。英国殖民者用当地方言管理各阶层，并将人们带出了土著部落，训练成教师。英国还为每个殖民地量身定做不同机制，这与西班牙和法国的做法不同，它们有帝国主义色彩更鲜明的体系。此外，鉴于其在美国征收关税却引发起义的经验，英国的贸易政策是限制最少的。英国允许殖民地确定自己的关税水平，且没有进口税，而西班牙重商主义的严格贸易制度则是最大的限制。因此，像阿根廷这样的地方，人口相对较少、气候多样，拥有适于养牛及种植谷物、糖和棉花的优质土壤，本来很适合"地广人稀"的殖民方案，却被西班牙的制度拖了后腿②。

但是，无论殖民主义者具体如何实施，每个殖民帝国都通过其工业化的成功影响着其殖民地和其他非欧洲国家的专业化模式。中国在技术上保持独立，但在其他众多的问题上不得不向欧洲低头，这一类国家以及像印度这样的殖民地专门进行原材料生产，用以支付进口工业制成品。实际上它们的工业产值直到1913年都是下降的③。

在印度，英国精英的消费占印度GDP的5%，并显示出了对

---

① 格里尔，1999年。
② 兰德斯，1999年。然而，这并不意味着每一个英国殖民地都胜过每一个非英国殖民地，每一个西班牙殖民地都落后于每一个非西班牙的殖民地。比如，直到20世纪70年代，印度比墨西哥的增长还要缓慢，直到1989年，其比亚洲其他地区（不包括中国）还要慢。
③ 克拉克，2007年。

本国商品的偏好。麦迪森估计，从 1868 年到 20 世纪 30 年代，英国对印度的压榨（殖民地的负担，由印度的贸易盈余计量）总计达印度 GDP 的 0.9% ~ 1.3%①。

这些国家和殖民地拥有被殖民前的文化与机制，往往对欧洲的规范和技术是抵抗的。例如，中国抵制欧洲的科学，对于欧洲在技术上的进步表示冷漠②。但是，它在被殖民前的教育体系和机制不利于经济增长，中国的"在发现和学习方面的机制，即学校、院校、学术团体、挑战和比赛"以及在传承前辈的发现成果的方法上都很缺乏③。在中东，有些国家试图借鉴欧洲的教育和工业机制，但政治腐败阻碍了这一进程④。

一些殖民主义者的做法也限制了机制和教育的传播。在非洲，法国殖民者禁止任何方言教学，而用法语对各阶层进行管理，"结果导致大量人口不识任何一种文字"⑤。此外，殖民者移居殖民地，大大增加了当地（尤其是人口稠密地区）的不平等，降低了对公共教育系统和全民选举的激励⑥。

## 日本特例——第一个非西方的工业化国家

日本值得特别关注，因为它是 19 世纪后期第一个实现工业化的非西方国家，为"亚洲四小龙"和其他发展中国家近一个世纪以后实现工业化铺平了道路。虽然它最初并没有分享成功国

---

① 麦迪森，2001 年。
② 兰德斯，1999 年。
③ 兰德斯，1999 年。
④ 兰德斯，1999 年。
⑤ 格里尔，1999 年，第 343 页。
⑥ 恩格曼和索克罗，2005 年。

家及其殖民地的机制、帝国样式和科学革命，但它善于从欧洲学习，并向世界证明了不发达经济体可以以何等的速度实现现代化。

19 世纪 60 年代后期"明治维新"期间，天皇重掌政权之后，日本新的领导人开始系统地实行工业化。亲眼目睹了欧洲和美国的进步后，他们首先建立了推进现代化建设的机制，包括邮政服务体系、公共教育体系和全民兵役服务要求。

他们的努力奏效了，产量迅速增加。1886 年，日本消费的纱线中 62% 是进口的，但是到了 1913 年，日本几乎没有进口任何东西，反而提供了四分之一的世界棉纱出口量[1]。1875～1912 年，人均 GDP 以 5.1% 的年增长率增长，比同一时期的美国快两倍多[2]。第一次世界大战期间，出口需求大大增加，这进一步促进了日本的工业化。

对日本这样一个非西方国家取得工业化成功的原因向来众说纷纭，从最初的高教育水平[3]到更优质的个人保健[4]，再到紧密的家庭结构、强烈的职业道德、自律以及国家认同感和固有优势感[5]。日本还得益于未被殖民，它的土地和人民不仅免于压迫和剥削，而且数百年间没有战争和革命[6]。

还有其他三个与政策相关的因素可能发挥了更重要的作用：强有力的中央集权政府、对经济开放的新承诺以及对市场重要性的承认。

---

[1]　兰德斯，1999 年。
[2]　唐，2008 年。
[3]　卡梅伦，1989 年。
[4]　克拉克，2007 年。
[5]　兰德斯，1999 年。
[6]　兰德斯，1999 年。

雄心勃勃的日本政府强调发展需要稳定的机制这一理念，它的意愿与支持让日本的工业化成为可能。在幕府统治时期，日本本来是连接松散的领主统治，但在明治维新期间，日本迎来了更集权的政府，它将幕府与欧洲国家政府的结构进行了结合。这个新的政府在日本的现代化上投入巨资，建立了广泛的行业示范工厂。

除了提供物质条件，日本领导人还具备开放的思想，致力于开放贸易，为日本补充工业化的技术知识。直到19世纪80年代，政府都在"购买西方的技术和设备，聘用具有技能的外籍劳工"①。然而与其他许多国家不同的是，日本并非简单地引进国外的机器，它根据自身需要去修改和完善西方机械设备，并从西方引进金融体系，还仿照比利时央行建立了日本银行，时为1881年②。

除了政府的核心作用，领导人们似乎已了解市场的重要性，这一时期有一个政府的口号是"发展工业，促进企业"③。政府"用率先进入目标行业的试点工厂，获取和展示新技术，并支持开放新的市场"来激励"民营企业"④。当工厂和行业能够适当地自给自足，它们便将其卖给民营企业家，而政府往往处于亏损状态，这表明政府在将经济增长的接力棒传递给私营部门。

## 最贫穷的国家远远落后

在过去的两个世纪里，今天的发达国家尽管在财富、生活水

---

① 唐，2008年，第1页。
② 卡梅伦，1989年。
③ 卡梅伦，1989年，第271页。
④ 唐，2008年，第4页。

平和技术上有了极大改善，政府也在不断地努力复制和传播创新，但是收入差距自工业革命开始出现后至今不仅在延续，还在扩大。

经过几个世纪的发展停滞，西欧、美国和日本的购买力平价（PPP）人均 GDP 在过去 200 年中以年增长率近 2% 的速度增长①。但与此同时，从 1820 年至 2001 年，非洲的年收入增长率估计只有 0.7%。在此期间，它的总收入从相当于美国收入的 35% 下降到 5%②，从而导致了"今天的收入差距比以往任何时候都大得多。"③ 即便是最近的增长率也说明了这一点：1980～2000 年，发达国家的 PPP 人均收入增长了 190%，但撒哈拉以南的非洲却只有 57%④。

更引人注目的是，在许多世界上最穷的国家，不仅收入与它们同时代的其他国家相比相对下降，有的甚至比工业化前的水平还低。例如，许多国家（包括埃塞俄比亚、尼日利亚和巴基斯坦）的收入估计要少于 18 世纪的英格兰（更远一点，如古罗马），而坦桑尼亚和布隆迪的收入则降低到原来的 75% 左右⑤。

正如这些国家的持续停滞所揭示的那样，收入长时间没有或只有很少的增长可能发生在多种不同的背景下，即使在世界其他国家已经大步向前发展时也同样可能出现。技术进步也是如此：极端地说，在某些社会中，技术可以数百年甚至数千年落在别人后面。楔形文字是已知最古老的书面语言，可以追溯到公元前

---

① 麦迪森，2003 年。
② 麦迪森，2003 年。
③ 麦迪森，2001 年，第 27 页。
④ 国际货币基金组织，2010 年。
⑤ 克拉克，2007 年。

2800 年①。但在匹亚哈，目前居住在亚马逊的一个土著部落，不仅缺乏书面语言②，也没有精确的数字③。即使是在如今紧密联系的世界，其最发达国家经济的融合也完全是自发的。尽管有些国家已经赶上了这些工业化国家的发展步伐，日本和韩国已经做到了，中国、印度和巴西眼看着也做到了，但是毕竟许多国家还没有做到。

非殖民化也可能是这种停滞的原因之一，在非洲尤其如此。虽然在像美国之类的国家中，非殖民化标志着经济热潮的出现，但其他许多国家在独立后却面临着更多停滞，留下的只有脆弱的体制和在领土、宗教及意识形态上的冲突。柏特奇和卡诺瓦解释道："腐败、扭曲的政府政策、政治的不稳定和种族冲突，这些对于解释非洲经济增长的异化是很重要的，可以……被视为殖民地时代遗留下来的。"④ 解放过程中的暴力也破坏了这些国家的实物资本⑤，而非殖民化的时机也可能加剧了其负面的影响。冷战期间，外部势力之间的分歧支持非洲的内部冲突⑥。那些在 20 世纪 70 年代获得独立的国家，不得不面对随后全球经济放缓的情况⑦。

同时，实证研究已确定一些前殖民地在非殖民化后，经济是有所增长的。柏特奇和卡诺瓦发现，在 18 个 1960 年后实现非殖民化的非洲国家中，有三分之一的国家的独立标志着在其经济增

---

① 阿德金斯，2003 年。
② 赫斯普斯，2004 年。
③ 戈登，2004 年。
④ 柏特奇和卡诺瓦，2002 年，第 1864 页。
⑤ 柏特奇和卡诺瓦，2002 年。
⑥ 杨，1986 年。
⑦ 席维斯特，2005 年。

长模式上的一个重要而积极的结构性突破①。席维斯特认为，尽管非殖民化的国家经济增长的速度比那些已独立的后殖民国家要慢，但如果当初它们不抵抗，仍然是殖民地的话，它们现在的增长很可能会更慢。

## 各种综合条件被更广泛地确立

自第二次世界大战以来，经济增长在世界各地日益传播开来，经济发展的条件似乎在发展中国家中也被更广泛地确立。尽管这些条件还远没有普及，但它们的传播将开启全球经济增长的一个前所未有的阶段。

这些条件是什么？为了回答这个问题，增长与发展委员会（Commission on Growth and Development）最近确定了 13 个国家和地区，其 GDP 年增长率至少连续 30 年在 7% 或以上（见表 2.1），这是一个几百年以前难以想象的增长速度。

这些国家（包括发展中世界的每一个地区）彼此之间，以及那些工业革命后最成功的国家之间，都有几个共同的重要特征：它们向世界开放，向较先进的国家学习；它们的经济以出口为导向，部分增长与全球需求紧密联系；它们表现出高储蓄率和高投资率，包括对基础设施和教育的公共投资；它们的增长同时依赖政府和市场；宏观经济的稳定也是它们成功的核心，这以相对稳定的通货膨胀率、汇率及财政政策为表现形式②。

---

① 柏特奇和卡诺瓦，2002 年。
② 增长与发展委员会，2008 年。

表 2.1　持续高速增长的国家

| 国家或地区 | 年平均增长(%) | 时期(年) |
|---|---|---|
| 博茨瓦纳 | 9.0 | 1961~2009 |
| 巴　西 | 7.4 | 1950~1980 |
| 中　国 | 8.1 | 1961~2005 |
| 中国香港特别行政区 | 7.2 | 1960~2008 |
| 印　尼 | 7.1 | 1966~1997 |
| 日　本 | 7.5 | 1950~1983 |
| 韩　国 | 7.1 | 1961~2008 |
| 马来西亚 | 7.3 | 1961~1997 |
| 马耳他 | 7.0 | 1964~1996 |
| 阿　曼 | 9.5 | 1961~2009 |
| 新加坡 | 7.1 | 1961~2009 |
| 中国台湾 | 7.9 | 1965~2002 |
| 泰　国 | 7.1 | 1961~1997 |

资料来源：增长与发展委员会（2008），世界银行（2010），国际货币基金组织（2010），地理统计局（2010），麦迪森（2003）。

　　这些条件已变得越来越普遍。关税从 1997 年的平均 15% 降到了 2007 年的平均 9%①。通胀率也有所下降，1997~2007 年，64 个发展中国家的平均通胀率控制在 5% 或者更低②。在十年前，这项数据是现在的两倍多。发展中国家的政府债务占 GDP 的平均比重从 1997 年的 58%，下降到 2007 年的 44%③。同时，投资率和储蓄率上升了。发展中国家的净国民储蓄占 GDP 的平均比重从 1997 年的 7.7%，上升到 2007 年的 13.4%④。随着全

---

① 世界银行，2010 年。
② 世界货币基金组织，2010 年。
③ 世界银行，2010 年。
④ 世界银行，2010 年。

球化逐步深入，成功的案例不断涌现，技术广泛传播，似乎越来越多的国家开始符合高速可持续增长的要求。事实上，在大萧条的前10年，还有26个其他国家的GDP在以增长与发展委员会（见图2.1）所确定的13个国家和地区同样高的增长率在增长。

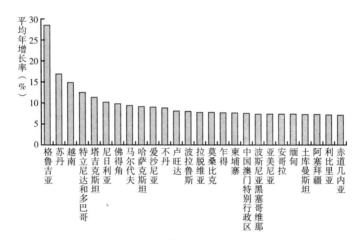

**图 2.1  1997~2007 年高速增长的国家与地区**
**（不包括增长与发展委员会确定的国家）**

资料来源：世界银行数据；IMF 数据。

然而，这些成功的故事却掩盖不了另外23个发展中国家的发展状况。它们的情况就不这么乐观了，它们在GDP增长上要远远落后于同一时期的发达国家，而它们的人均收入则落后得更远。有许多国家仍然高度依赖政府发展援助以及国外移民汇款。全世界有超过10亿人仍旧过着每天不足1.25美元的生活；在撒哈拉以南的非洲，这条贫困线以下的人数自1981年以来几乎翻了一番。

尽管国际一体化的加强只是委员会确定的成功增长组合中的一部分，因为适当的国内政策也同样重要，但很明显，战后的全球化已经为世界各地创造了许多必要条件。在外国直接投资

（FDI）流入增加的同时，受援国的国外生产技术知识和海外市场也在增长①。同样，随着市场一体化越来越深入，贸易自由化越来越加强，国外市场变得更容易进入，为这些国家提供了大量增加输出以及专门生产某些不一定受国内消费者青睐的商品的机会。

开放的贸易政策也为现在的发展中国家提供了获得技术的渠道来推动其经济增长。这些技术只需直接运用，而不必再去发明。世界银行称："低收入国家仅仅运用了发达国家技术水平的四分之一。"② 20世纪下半叶，当日本、中国香港、中国台湾和泰国开始一些世界上最成功的实践的时候，拉丁美洲和非洲却落得更远了③。用增长与发展委员会的话来说，所幸"学东西比发明它要容易得多。"④ 东亚的经验表明，即使是利用低水平技术追赶，也可以从中获益良多⑤。

持续的全球化和国际合作不仅会使发展中国家的崛起成为可能，反过来，伴随它们的崛起而增加的资源消耗也将使这种合作更加必要，在保护全球公地方面尤为如此（见第七章）。

## 失败的实验

与20世纪的这些成功故事形成鲜明对照的是一些失败的实验，其中包括进口替代和计划经济。二十世纪五六十年代，进口替代深受印度和许多拉美国家的青睐。这些国家限制国际贸易，

① 增长与发展委员会，2008年。
② 世界银行，2008年，第17页。
③ 佩奇，1994年。
④ 增长与发展委员会，2008年，第22页。
⑤ 佩奇，1994年。

促进生产以满足国内市场，而非全球市场。这些政策虽然暂时鼓励了制造业的增长，但在促进更广泛的经济发展上却失败了①。由于与国际市场绝缘，国内市场对于促进适当的专业化和规模经济来说都太小，而保护主义政策又使推动有效的资源分配或达到世界一流水准的初衷被扭曲。由于效率低下，国内产业生产的都是高成本、低质量的商品，在国际上根本没有竞争力②。世界银行发现，以国际市场为导向的经济体在"几乎所有方面"都优于那些将目光集中在国内市场上的国家③。因此，进口替代型的经济发展受挫了。

其他国家选择了计划经济，这是共产主义的发展模式。在它们的运用初期，共产主义经济体也非常成功，它们生产的增长丝毫不亚于资本主义经济体④。苏联的增长速度有很多年比美国都快，它们创造出令人印象深刻的制造业、强大的军事和一个集中的教育体系。但这种增长的效率很低，倾注了大量的劳动力、资本和自然资源。计划经济系统不能满足现代经济的复杂需求，变得越来越容易产生贪污和浪费，并且导致了巨大的资源配置不当；生产力并没有改善，同时苏联的商品和服务质量仍旧较差。最终，苏联的经济增长放缓，在全球生活水平上升时，它的人民生活水平却在停滞甚至下降。这种经济政策变得不受欢迎，而后进行的改革尝试再度失败，于是苏联的经济和国家崩溃了⑤。

宏大的计划经济失败了，但它并不意味着政府的干预必然会导致失败。政府曾一次次成功地推动经济发展，近几十年来，最

---

① 克鲁格曼和欧博斯特福德，2006 年。
② 世界银行，1987 年。
③ 世界银行，1987 年，第 85 页。
④ 优素福，2009 年。
⑤ 柯蒂斯，1998 年。

引人注目的是日本（见上文）和中国，后者是以市场为基础的发展与国家宏观调控共存。相反，计划经济以及进口替代的失败都凸显竞争太少的危险。正如安德鲁·沃尔德针对中国发展所总结的："我们的任务不是咒骂国家的参与，而是要改变它。"①

随着越来越多的国家加入"发达国家"的行列，优秀的实践和经验都在增加。虽然对于市场或政府的政策方针缺少"统一口径"，但是发展中国家可以汲取失败案例的教训，并根据自身情况借鉴不同的成功国家的经验，比如马耳他，它的人口数量远远低于 50 万；而中国的人口数量则超过了 10 亿。

# 结　　论

从历史发展的简单概述中，我们可以得到一个可靠的结论：没有什么会自动、自然地维持生活水平的增长，但是在技术和成果存在较大差距的情况下，为企业和学习者确立某些条件（包括适合的机制、稳定和开放），使他们能在短时间内产生显著进步。这为我们下一章的研究奠定了基础，该章将探索未来的发展方向。

**参考文献**

1. 阿西莫格鲁、达龙、西蒙·约翰逊、詹姆斯·A. 罗宾逊：《命运的逆转：现代世界收入分配形成的地理与机制》，经济学季刊，117（2002）：1231 – 1294。

---

① 魏昂德，1995 年，第 979 页。

2. 阿德金斯、莱斯利：《平原帝国：亨利·罗林森和巴比伦失落的语言》，圣马丁出版社，2003 年。

3. 贝洛克、保罗：《农业和工业革命》，格林德罗德·柯林斯译，柯林斯，1969 年；《经济学和世界史：神话与悖论》，芝加哥大学出版社，1993 年；《1900 年以来第三世界的经济发展》，辛西娅·波斯坦译，加州大学出版社，1975 年。

4. 柏特奇、葛雷吉拉和法比奥·卡诺瓦：《殖民化对经济增长有影响吗？——非洲不发达的历史原因之实证探索》，《欧洲经济评论》，46（2002）：1851 - 71。

5. 卡梅隆、朗多：《简明世界经济史》，牛津大学出版社，1989 年。

6. 克拉克、格雷戈里：《工业革命秘史》，加州大学戴维斯分校，2001 年。www. econ. ucdavis. edu/faculty/gclark/papers/secret2001. pdf。
——《告别施舍：世界经济简史》，普林斯顿大学出版社，2007 年。

7. 增长与发展委员会：《增长报告：持续增长和包容性发展策略》，世界银行和兴业国际银行，2008 年。

8. 柯蒂斯、格伦 E.：《俄罗斯：一个国家的研究》，美国联邦研究部，美国国会图书馆，1998 年。

9. 恩格曼、斯坦利 L. 和肯尼 L.、索克罗：《殖民主义、不平等和长期发展路径》，国家经济研究局工作论文 11057，全国经济研究局，2005 年。

10. 戈登、彼得：《无字的数值认知：亚马逊的证据》，《科学》，306（2004）：496 - 9。

11. 格里尔、罗宾 M.：《殖民地遗留与经济增长》，《公共选择》，98（1999）：317 - 35。

12. 赫斯普斯、苏珊 J.：《语言：没有数字的生活》，《当代生物学》，14（2004）：R927 - 8。

13. 地理统计局（巴西地理和统计研究所），20 世纪的统计数据，2010 年。

14. IMF（国际货币基金组织）：《世界经济展望：重新平衡增长》，华盛顿特区，2010 年。

15. 克鲁格曼、保罗和马里斯·欧博斯特福德：《国际经济学：理论与政策》（第七版），皮尔逊·艾迪生·韦斯利，2006 年。

16. 兰德斯、大卫 S.：《国家的财富和贫困：为何有富有穷》，W. W. 诺顿，1999 年。

17. 麦迪森、安格斯：《世界经济：千年展望》，经济合作与发展组织发展中心，2001 年。

——《世界经济：历史统计》，经济合作与发展组织发展中心，2003 年。

18. 莫基尔、乔尔：《工业革命与新的经济史》，载《工业革命的经济学》，乔尔·莫基尔编辑，1 - 51，罗曼和阿兰赫德，1985 年。

19. 诺斯、道格拉斯 C. 和巴里 R. 温加斯特：《宪法和承诺：17 世纪英国公共选择决策机制的演变》，《经济史杂志》，49（1989）：803 - 32。

20. 佩奇、约翰：《东亚奇迹：四个发展政策的经验教训》，国家经济研究局，《宏观经济学年刊》，9（1994）：219 - 82。

21. 彭慕兰、肯尼斯：《大分流：中国、欧洲和现代世界经济的形成》，普林斯顿大学出版社，2000 年。

22. 席维斯特、凯文：《非殖民化与经济增长：非洲案例》，《经济发展杂志》，30（2005）：87 - 101。

23. 唐、约翰·P：《金融中介与 1868 ~ 1912 年间日本明治后期的发展》，美国人口普查局，2008 年。

24. 魏昂德、安德鲁·G：《中国的转型经济：其意义的阐释》，《中国季刊》，144（1995）：963 - 79，www. ln. edu. hk/mkt/sta/gcui/andrew. pdf。

25. 世界银行：《世界发展报告：世界经济调整与增长的壁垒》，华盛顿特区，1987 年。

——《全球经济展望：科技在发展中世界的传播》，华盛顿特区，2008 年。

——《世界发展指标》，华盛顿特区，2010 年。

26. 杨·克劳福德："非洲的殖民遗留"，《非洲发展战略》，由罗伯特·J. 伯格和珍妮弗·S. 惠特克编辑，加州大学出版社，1986 年。

27. 优素福、沙希德卡：《这几十年的经济：近 30 年"世界发展报告"批判》，世界银行，2009 年。

# 第三章
# 2050 年：世界变了

　　据合理估计，2050 年，发展中国家将主导全球的经济活动和贸易。它们的崛起将创造巨大的机会，将产生一个更大的全球性中产阶级和富裕阶层，而绝对贫困人口也将大大下降。但它也可能带来很大的风险，如政治纷争、金融危机、贸易保护主义、移民压力以及对全球公地的争夺。

　　为了减轻这些风险，调整国家政策和加强国际合作是必要的。但发展中国家在跻身最大经济体的同时仍然相对贫困的事实将使国际合作变得复杂。

　　世界经济正处于一个历史性的转变阶段，表现为发展中国家的快速增长并融入全球市场。与某些预测相反，大萧条期间发展中国家的充满韧性的表现表明，它们将坚持以市场为导向的政策，因为这一政策巩固了它们的经济增长与一体化。而以美国和欧洲为"震源"的金融危机可能会加重新兴国家在全球经济活动中的分量。

　　世界经济力量的平衡将发生巨变。中国将取代美国成为世界上最大的经济体，而印度也将成为全球性的领头羊。亚洲与拉丁美洲其他的新兴经济体将超过欧洲，带动全球贸易、金融一体化和移民的巨大扩张。

要给出 40 年后的精确论断是不可能的。但是，在某些假设条件下，辨别可能的长期经济趋势，并绘制由它们带来的未来世界经济的大致轮廓，却是可能做到的。因此，尽管以下的讨论会包含许多具体数值，但这应当被理解为在描画一个可能的情景，而不是作为一种细致的预测。

本章试图在假设以市场为导向的政策得以持续，并且没有重大的政治、经济和生态灾害的前提下，找出这个"集中趋势"或基准而不是罗列大量模棱两可的期望，在此基础上将简要讨论主要的风险。这种方法的缺陷在于描绘的精度，坦率地说，是不高的，但它有助于聚焦基准分析，集中注意力，给读者一个能够力图达到或据此提出异议的清晰目标。

本章首先简要讨论危机的长期影响；其次介绍主要的情景，采用柯布－道格拉斯生产函数为基础的新模型，进行世界主要经济体、G20 和 4 个撒哈拉以南的非洲大国的长期增长预测；再次描绘其对国际一体化主要渠道的一些影响，包括贸易、金融流动、相对价格、移民和资本流动；最后回顾包括气候变化在内的预测风险，并据此提出一些对政策的潜在影响。

# 危机及其影响

大萧条时期，许多发展中国家（尽管不是全部）有着显著的经济发展以及普遍的生活水平的提高。政策的优化、债务的减少以及较高的官方储备帮助它们渡过了难关。

自千禧年以来，发展中国家的 GDP 年均增长已超出工业国家2~3个百分点。自1990年以来，已有4亿人摆脱了贫困，许多发展中国家的平均预期寿命已上升到70岁。发展中国家在商品、资本和劳动力方面都已融入全球市场，它们的关税已降到20世纪80年代初的1/3。在过去15年里，贸易额已上升为GDP的15%，国外直接投资额在GDP中所占的份额增加了一倍以上，汇款也飙升了。这种快速增长和一体化一直伴随着对从发达国家进口的各种技术的适应，这个过程是渐进的、逐步加强的。经济增长也伴随着更好的宏观经济管理：在危机前的几年中，发展中国家的外债相对GDP大幅下降，财政收支规模较小，而外汇储备大幅增加。

大萧条的后果相当严重，但对发展中国家的损害要低于工业国家。许多发展中国家的经济增长有相对较小的减速，而中国、印度和印尼却仍在持续快速地增长着，这三个国家的人口占整个发展中世界人口数量的近一半。俄罗斯和东欧的一些发展中国家则是例外，它们的情况比工业国家更糟。危机在美国和欧洲几个国家中产生的影响最为显著。

尽管贸易和金融的冲击最初影响世界上每一个国家，但大多数发展中国家的银行系统相对来说避开了影响。它们中的许多国家近年来通过审慎的宏观立场，采取逆周期的调控政策，从而可减轻危机造成的影响，灵活的汇率机制对其也有帮助。一旦全球性的恐慌消退，新兴市场的信心就会很快恢复，而且如果资金流动远低于危机前的话，市场就会得以重建。

但是即便没有复发的危机且迎来了随之而来的强劲复苏，金融危机的后遗症仍将是深远的。在危机后的世界，被危机冲击得最厉害的国家的增长速度很可能减慢，而且随着大规模的政府干预被撤回，可能出现更大的波动。国际货币基金组织估计，在发达国家，由于金融危机而上升的公共部门债务将与该地区的

GDP 等值，这将制约今后多年的宏观经济政策，要求许多国家在税收和支出方面进行结构调整。

与一些持怀疑态度的宣称相反，危机似乎不大可能导致支持自由市场经济和全球经济一体化政策发生根本性转变，部分原因是发展中国家已平安渡过了金融危机。一些公共机构中占主导地位的政策范式反而由于危机而被加强了，包括众多开发银行，特别是国际货币基金组织和金融稳定委员会。世贸组织的规则虽然漏洞百出，但也证明了自身的价值。央行在应对经济危机中绝对是中坚力量，它们也许是当前政策范式最一贯的支持者，其重要性由于危机也得到了加强。可以料知，今后它们在金融调控和监督上将更加积极。

## 基准情景

大萧条前，世界经济的平衡逐渐转移到南方和东方。现在，当工业国家沿着其危机前的长期路径慢慢增长却仍然没有恢复危机所造成的损失时，发展中国家却加快走出衰退，因为它们的损失要小得多。在未来几年内，它们中最成功的，尤其是亚洲最成功的国家，将更迅速地与它们的发达国家对手们拉近距离。

这里提出了 2050 年世界主要经济体的 GDP 预测：包括 G20 中的 19 个国家（欧盟除外），以及非洲的几个大国。这些预测以标准的柯布－道格拉斯生产函数模型为基础，建立在历史悠久的研究基础上，至少可以追溯到 20 世纪 70 年代初。关于五大发展中国家：中国、印度、印尼、巴西和俄罗斯，及其到 2020 年对世界经济影响的想法在世界银行 1997 年的《全球经济展望》中曾被提到[①]。

---

① 世界银行，1997 年。

若干年后，高盛将"五大发展中国家"缩减并提出"金砖四国"的概念，在这其中去掉了印尼，因为它在此后遭遇了深刻的危机（但已恢复了）。21 世纪初，高盛①和普华永道②进一步推进了这一预测。

技术变革作为经济增长最重要的动力，却只是影响这些模型的外部因素。换言之，它是在模型外围生成的一个既定数值，这样的情况实在难以令人满意，因而现代经济增长理论试图找出促使技术变化的因素，如企业间的竞争和工人的技能，并试图将它们纳入内生增长模型中。

本书所使用的模型基于产生技术变革的一些根本因素，并试图将其纳入理论中。这些因素包括最初与最发达国家的差距、对外国技术的开放、在市场竞争中的竞争力、商业环境的特点以及教育水平等（见附录）。

基于该模型，发展中国家的快速增长缘于人口数量的高速增长（尽管正在放缓）以及因技术的消化吸收（取决于教育质量、政府管制、商业气候和基础设施建设，以及随着时间的推移，与发达国家之间的差距拉近等因素）而带来的全要素生产率（TFP）的进步。尽管发展中国家的投资率也将高于工业国家，但在二者中，技术要素将比资本积累更为重要。

这些预测将揭示：经济实力的巨大转变将对全球经济治理以及国家和地区间的关系产生深远影响。克里奇·欧迈在 20 世纪 80 年代提出的由美国、欧洲和日本引领世界经济的"三和音"概念，将在一个由中国、美国和印度构成的新秩序面前黯然失色。正如最近批准的《里斯本条约》中所埋下的伏笔一样，为

---

① 威尔逊和普鲁夏特哈曼，2003 年。
② 豪克斯沃斯，2006 年。

保持其历史影响，欧洲各国将不得不越来越频繁地在欧盟的旗帜下运作。国际组织的管理结构仍然像在 1945 年那样反映着世界局势，因此，它们必须进行调整以免滑向边缘。

在提出预测前，我们将劳动力增长、投资和技术进步等要素作为基本假设。

# 利于发展中国家经济增长的动力

## 劳动力的增长

据联合国统计，全球人口数量将从 2009 年的 68 亿增加到 2050 年的 92 亿，而全球的劳动力数量将增加 13 亿。发展中地区的工作人数将扩张 15 亿，主要集中在非洲和亚洲；而在发达地区，劳动力数量将减少超过 100 万。在发达地区，劳动年龄的人口将从 2009 年占人口总数的 62.8% 下降到 2050 年的 52.0%；在发展中地区，该数值也将下降，但只是从 61.1% 降到 59.5%。

## 股本

有形资本存量会随着收入的增长和储蓄折旧率而不断积累，并且还允许新的投资。但随着资本对产量边际效益的下降，投资的激励也将下降。在工业国家，储蓄占 GDP 的比重将可能随着人口老龄化和抚养比率的上升而下降；而在发展中国家，资本产出比率要低得多，资本存量将随着劳动人口数量的增加而大幅上升。中国则是一个例外：尽管人口数量正在减少，但投资却有望保持高位运行。

从历史来看，发达国家每年已投资了 GDP 的约 20% 在固定资本构成上，而发展中国家投资得还要明显，一些国家的投资份额高达 GDP 的 35% ~ 40%。

　　日本提供了一个有用的案例,其在资本存量的投资可以追溯到发展的不同阶段,日本的年投资率在其经济增长迅速时曾高达36%,而近年来已向 20% 减缓。韩国也有类似的经验,年投资率自 1992 年接近 40% 后下降到 30% 以下(见图 3.1)。

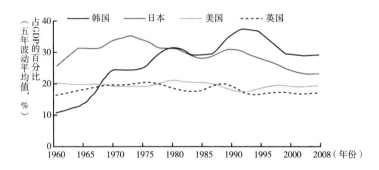

**图 3.1　成熟经济体的投资都趋近于 15% ~ 20%**

资料来源:世界银行数据;IMF 数据。

　　在未来 40 年内,中国和印度预计最高年平均投资率分别将达 33.8% 和 33.5%,英国和德国的这一比率将降至新低,分别为 17.7% 和 18.3%。

### 技术进步和生产力

　　随着生产资料从劳动密集型转向资本密集型,技术创新将成为增长的一个更重要的动力。正如世界银行的一项关于技术和发展的综合性报告所解释的那样:"发展中国家的预期杰出表现部分源自更强劲的劳动力增长,但大部分应归因于技术进步[①]。"

　　发展中国家将继续吸收业已成熟的技术,如电力和卫生设

----

　　[①]　世界银行,2008 年,P45。

施。但在发展中国家，最大的城市群、精英企业和个人通常有途径获得这种技术，农村和社会边缘群体却往往无法拥有。

诸如移动电话和互联网这类高新技术也迅速传播到发展中国家，部分原因是它们相对便宜，对政府在基础设施上的支出所需很少。发达国家仍将是尖端技术创新的源泉，而一些发展中国家将通过改造技术进行创新来适应当地条件。

当全要素生产率和人均收入低的时候，技术追赶的潜力就更大。因此，最贫穷国家的追赶速度可能是最快的。但追赶的实际效率将受制于每个国家的教育程度、通信和交通基础设施、政府管制以及商业和投资环境。尽管某些因素使低收入国家的技术进步速度明显低于它们自身的潜力，但随着教育程度和对世界贸易开放程度的提升，技术的传播速度也明显加快。出于这层意义的考虑，我们的模型将这些特点纳入到内生增长理论之中。

一个相关指标的调查显示，在主要发展中国家（G20 成员国）中，俄罗斯、中国和墨西哥已经准备好更快地吸收国外技术，这主要是因为他们拥有较高的教育程度以及具备配套的基础设施。但在俄罗斯和中国，政府管制的指标薄弱，因此，在其他条件相同的情况下，会抑制（适于初始收入的）彼此的技术融合速度。

与印度的高科技形象相反，它的技术传播和（适于初始收入的）融合速度在 G20 中被认为是最低的。在 G20 中，它的教育指标最低，商业环境最差，而印尼的通信基础设施则最弱。印度和印尼要想有快速的技术进步，必须改善教育制度、基础设施和政府管制体系。

这些因素抑制国家技术增长使其不能充分发挥自身的潜力，其程度从各国的收入差距就可以看出来。从图 3.2 可以比较各国利用技术从而赶超美国的能力，其中 10 分代表最大值。（关于完整的初始生长条件及相关指标的描述，见附录表 A2）

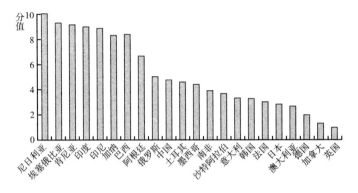

图3.2　英国赶超美国的能力最大，尼日利亚最小

注：上述指数是综合衡量了以下因素的总指数：教育程度、通信和交通基础设施、政府管制以及商业和投资环境。美国数据已被省略，其指数得分为10。

资料来源：世界银行2009年数据，作者的计算。

## 推测：其他地区的崛起

随着发展中国家拥有的人力、资本和技术占有更大的份额，其占全球GDP的份额也将增加，这将极大地扭转经济力量的平衡。在21世纪的中点，美国和欧洲这两个全球经济的长期传统领导者，在经济规模上将被亚洲和拉丁美洲的新兴市场赶上。

但是，尽管这些国家将成长为世界上最大的经济体，以及人口最多的国家，它们却不能成为世界上最富有的国家，这种现象打破了几十年来经济规模和人均收入相关的老传统。这种低等或中等收入国家将成为世界上最大的经济体的看法现在看起来是更加可能的了①，这种观点至少可以追溯到1993年，当时中国被预期将上升为一支世界力量。G20作为世界主要经济论坛的推广

① 阿明顿和达杜什，1993年。

者，将有可能标志着富裕国家在世界经济的主导地位的终结，并将迎来一个更加一体化和复杂的经济时代。

基准情景假定市场继续开放，宏观经济政策保持健全，并且经济、自然和地缘政治的灾难都不会发生。基于这些原因，该推测也仅仅代表目前国际经济方向的理论评估。

为了解释更多随时出现的风险，如金融危机后许多发达经济体的缓慢复苏和不利的债务动态，国际货币基金组织的"世界经济展望"提供了头五年的推测。对于之后直到 2025 年的每个 10 年，推测给出的都是平均数值模型，并附有记录的 1997 ~ 2007 年的增长率。关于危机前的十年，大约是两个完整的商业周期以前的推测，各种中短期影响增长而不被纳入长期增长模型的因素，诸如政治干扰或自然资源的突然发掘等，也作为部分原因。而 2025 年以后的预测则完全是由模型驱动的。

## 2050 年：经济新秩序

全球经济活动的重心已由 G7 各国大幅转向了亚洲和拉丁美洲的新兴经济体。在未来 40 年内，这一趋势还有望加强（见表 3.1）。

表 3.1　年均 GDP 增长

| 国家 | 百分比变化(%) | | | 实际 GDP(2005 年不变美元) | | |
|---|---|---|---|---|---|---|
| | 危机前趋势(1997 ~ 2007 年) | 危机期间(2007 ~ 2009 年) | 预测(2009 ~ 2050 年) | 2009 年 | 2030 年 | 2050 年 |
| 阿根廷 | 2.6 | 2.0 | 4.1 | 223 | 527 | 1267 |
| 澳大利亚 | 3.6 | 1.5 | 2.9 | 787 | 1501 | 2257 |
| 巴西 | 2.8 | 2.2 | 4.1 | 1011 | 2440 | 6020 |
| 加拿大 | 3.3 | -1.0 | 2.6 | 1171 | 2083 | 3154 |
| 中国 | 9.6 | 8.8 | 5.6 | 3335 | 21479 | 46265 |

| 国家 | 百分比变化(%) | | | 实际 GDP(2005 年不变美元) | | |
|---|---|---|---|---|---|---|
| | 危机前趋势(1997~2007 年) | 危机期间(2007~2009 年) | 预测(2009~2050 年) | 2009 年 | 2030 年 | 2050 年 |
| 法国 | 2.4 | -1.0 | 2.1 | 2203 | 3323 | 4528 |
| 德国 | 1.6 | -2.1 | 1.4 | 2833 | 3593 | 4535 |
| 印度 | 7.0 | 6.3 | 5.9 | 1065 | 5328 | 15384 |
| 印尼 | 2.7 | 5.0 | 4.8 | 354 | 1073 | 2975 |
| 意大利 | 1.5 | -3.1 | 1.3 | 1732 | 2197 | 2580 |
| 日本 | 1.1 | -3.1 | 1.1 | 4467 | 5786 | 6216 |
| 韩国 | 4.3 | 0.6 | 2.5 | 945 | 2122 | 2812 |
| 墨西哥 | 3.3 | -3.1 | 4.3 | 866 | 2397 | 5709 |
| 俄罗斯 | 5.7 | -1.2 | 3.3 | 869 | 2487 | 4297 |
| 沙特阿拉伯 | 3.2 | 1.7 | 4.8 | 348 | 896 | 2419 |
| 南非 | 3.7 | 0.4 | 4.3 | 271 | 791 | 1919 |
| 土耳其 | 4.0 | -2.9 | 4.4 | 509 | 1437 | 3536 |
| 英国 | 2.9 | -1.9 | 2.1 | 2320 | 3597 | 4997 |
| 美国 | 3.0 | -1.2 | 2.7 | 12949 | 22258 | 38646 |

资料来源：IMF 数据；作者预测。

正如巴拉萨－萨缪尔森效应①预测的一样，随着发展中国家的劳动生产率相对于发达国家的劳动生产率的提高，发展中国家的工资和非贸易品相对于贸易品的价格也将提高。这些变化意味着发展中国家的实际汇率升值，发展中经济体在出口市场的重要性也将提升。

G20 的经济总量预计将以 3.5% 的年平均增长率增长，按实际美元（不变价格）计算，将从 2009 年的 38.3 万亿美元上升到 2050 年的 160.0 万亿美元。这 121 万亿美元的增长部分，将有超过 60% 的份额来自六个国家：巴西、俄罗斯、印度、中国、印

---

① 巴拉萨，1964 年；萨缪尔森，1964 年。

尼和墨西哥（"五大" +墨西哥），这使 G7 黯然失色。这六个经济体的 GDP 按美元计算平均每年将增长 6%，它们的 GDP 在 G20 中所占份额将从 2009 年的 19.6% 上升到 2050 年的 50.6%。相比之下，G7 的 GDP 年增长速率将低于 2.1%，它们的 GDP 在 G20 中所占份额将从 72.3% 下降到 40.5%（见图 3.3）。

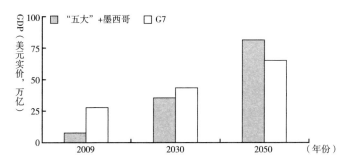

**图 3.3 "'五大'+墨西哥"将使 G7 黯然失色**

资料来源：作者预测。

按购买力平价（PPP）计算，这种转变将更为明显。今天发展中国家购买力平价 GDP 仅占 G20 的 41%，而到 2050 年，这一份额将上升到 68% 以上。"'五大'+墨西哥"经济体将再一次为这一增长贡献大部分力量，它们所占的份额将从 36% 上升到 62%。

### 新的"三和音"

到 2050 年，中国、印度和美国将成为世界上三个最大的经济体。5.6% 的快速年增长率和强势货币（人民币对美元的实际汇率预计每年升值超过 1%），将促使中国的按美元计算的 GDP 从 2009 年，的 3.3 万亿美元达到 2050 年的 46.3 万亿美元，按实际美元计算，它的数值比美国的大 20%，而按购买力平价计算则要比美国的大 90%。在 G20 所有国家中，印度被预测将增长最快：它每年以 5.9% 的速度增长，加上其迅速增长的人口，到 2030 年，它将成为世界上人口最多的国家，这些促使它的以美元计算的 GDP 在 2050 年将达到 15.4 万亿美元，比其目前水平的 14 倍还多（见图 3.4），而它的购买力平价 GDP 将接近美国的 90%。

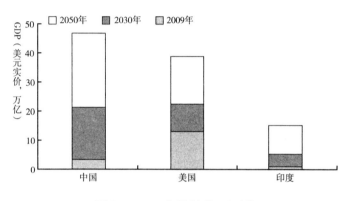

图 3.4  2050 年的新"三和音"

资料来源：作者预测。

尽管这两个国家在 GDP 的数值上大幅增加，但美国的人均 GDP 却将是中国的近 3 倍，是印度的 8 倍多，这使得美国在全球经济中的作用更加复杂化。美国的技术优势可能会有助于维持其在国际社会中的领导地位，但中国和印度拥有低得多的人均收入以及广大的国土，当它们的情况被视为更能代表大多数的世界人口时，它们的权威也可能会加强。

## 一个更均衡的世界

当高收入国家经济增长放缓（年增长率为 1.6%），而发展中世界快速增长（年增长率为 4.6%）之时，G20 其余国家的经济力量将向新兴市场倾斜。但是除了中国和印度，新兴市场其他国家将不能取代欧洲和日本跻身经济大国，不过，在国际对话中它们的话语权将得到加强。

　　巴西和墨西哥的实际 GDP 年增长率预计超过 4%，到 2050 年，将差不多相当于今天的第二大经济体——日本的 GDP 规模。而俄罗斯和土耳其这两个国家的 GDP 预计届时都将大于今天的中国（见图3.5）。

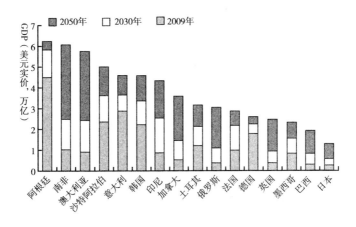

**图 3.5　巴西和墨西哥逼近日本**

资料来源：作者预测。

　　日本在亚洲的影响力可能会随着中国的崛起和印尼的迅速扩张而回落。日本的增长速度放缓，年增长率仅 1.1%，是 G20 所有经济体中最慢的。日本作为 20 世纪亚洲最强大的国家，将不得不发展与中国日益密切的经济关系，因为到 2050 年，中国的经济规模按当前美元计算（市场汇率），将比日本大 7 倍多，而印度，也将比日本大 2.5 倍。像几个世纪前的英国一样，日本将要寻求促进地区力量的平衡，这意味着它将与美国继续保持密切的政治和安全关系。

欧洲最大的四个国家预计年增长率仅为 1.5%，它们的 GDP 在 G20 中所占的份额将从 2009 年的 24% 缩小到 2050 年的 10%。为了保留其历史影响，欧洲国家可能需要协作，并在欧盟的旗帜下实施越来越多的外交政策。如果欧盟也按照这四个最大国家的平均年增长率（1.5%）增长的话，它的实际 GDP 将从 14.1 万亿美元增加到 2050 年的 25.8 万亿美元，届时它将跻身世界前三大经济体。

俄罗斯在历史上曾是一个超级大国，但此轮却有可能成为政治落伍者。俄罗斯作为世界上最大的国家，拥有极其丰富的自然资源，但到 2050 年，它的人口将从今天的 1.4 亿下降到 1.09 亿。中国、印度和美国届时不仅是世界上三个最大的经济体，也是世界上三个人口最多的国家，它们分别分布在俄罗斯的南方和东方。如果要在世界事务中获得发言权，俄罗斯可能要依靠增强与欧洲的关系来应对其经济和安全的压力。

### 非洲能有所突破吗？

在基准预测的描绘中，G20 的发展中经济体那令人印象深刻的进步掩盖了其他许多贫穷和不太成功的发展中经济体的状况，在涵盖了世界人口的大部分地区加速增长之时它们却已经落后了。由于宏观经济和政治的不稳定、距离和运输的限制、环境恶化、能力不足以及明确不融入全球市场的政策，这些国家仍游离在主流之外。

朝鲜、海地和缅甸都是落伍者，但绝大多数这样的国家还在非洲。它们能变得更好吗？在我们的模型中，答案是肯定的。推测显示，撒哈拉以南的非洲四个大国：埃塞俄比亚、加纳、肯尼亚和尼日利亚，在没有重大冲突的情况下，可以在未来 40 年里实现快速发展。非洲迅速增长的人口将在短期内促进增长，而在未来几十年里，即使在教育、政府管制和基础设施方面的初始条件不利（尽管也有所改进），但大量的技术改进有可能实现其经济扩张。

从现在开始到 2050 年，非洲这四个国家预计将以每年 5.5% 的平均增长率增长。比起过去几十年的低迷表现，这些增长率显示了显著的加速，但和世纪之交时相比相差不大（见表 3.2）。

表 3.2　非洲四国年均 GDP 增长

| 国家 | 百分比变化(%) | | | 实际 GDP(2005 年不变美元) | | |
|---|---|---|---|---|---|---|
| | 危机前趋势 (1997 ~ 2007 年) | 危机期间 (2007 ~ 2009 年) | 预测 (2009 ~ 2050 年) | 2009 年 | 2030 年 | 2050 年 |
| 埃塞俄比亚 | 5.7 | 9.5 | 6.5 | 28 | 109 | 366 |
| 加　　纳 | 5.0 | 5.9 | 6.7 | 17 | 91 | 337 |
| 肯尼亚 | 3.8 | 2.1 | 5.4 | 30 | 98 | 287 |
| 尼日利亚 | 7.6 | 4.4 | 5.0 | 213 | 733 | 1636 |

注：加纳快速增长部分是缘于最近加纳沿海丘比列油田的发现。
资料来源：国际货币基金组织数据；作者预测。

随着增长加速和汇率升值，按 2005 年不变美元计算，尼日利亚超过了 G20 里最小的经济体（见图 3.6）。而到 2050 年，这些国家的人均收入预计将只有 G20 国家平均水平的 13%（图 3.7）。

在本情景里，这些国家人均收入的平均水平将不到印度的一半，并只是中国的一小部分。这提高了非洲国家与亚洲巨人在劳动密集型制成品以及外包目的地方面产生竞争的可能性。

随着中国（在一定程度上印度也是）的收入与非洲拉开差

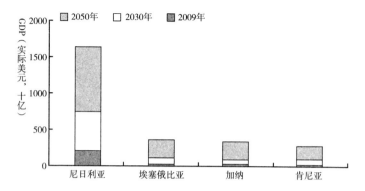

**图 3.6 2050 年，尼日利亚将超过现在最小的 G20 成员国**

资料来源：作者预测。

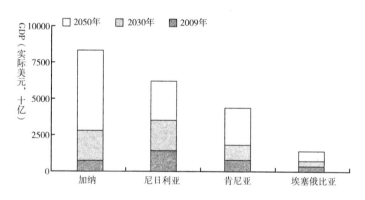

**图 3.7 非洲四国的人均收入将少于印度的一半**

资料来源：作者预测。

距，中国和印度可能成为非洲在原料和基本制成品方面的主要出口目的地（见图 3.8）。当然，这个结果不会自动产生，因为制成品要在国际市场上具备竞争力，需要大力改善营商环境和可预见性，以及教育方面的有效投资，而这些是否会发生尚未可知。撒哈拉以南的非洲地区的增长前景将在第八章中详细讨论。

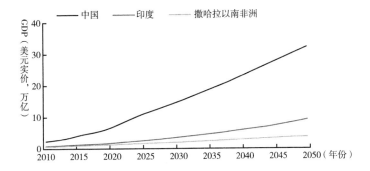

**图 3.8　中国和印度可能成为非洲主要的出口目的地**

　　注：撒哈拉以南非洲地区的数值是埃塞俄比亚、加纳、肯尼亚和尼日利亚人均 GDP 的加权平均值。

　　资料来源：作者预测。


# 极端贫困人口的减少与全球中产阶级的崛起

　　到 2050 年，不仅经济形势将极大地改变，世界上的人们也将发生深刻的变化。在未来 40 年里，数百万甚至数十亿世界各地的人们将摆脱极端的贫困（见表 3.3）。伴随着这一趋势，发展中国家将会出现一个新的全球中产阶级和富裕阶层（GMR）[①]，这些人会需要先进的产品和服务。

　　在 2005 年，世界银行估计有超过 13 亿人生活在极端贫困中，即按购买力平价计算，日均消费低于 1.25 美元。这个人数超过了世界总人口的四分之一。此外，还有是这一数字近两倍的

---

① 2005 年按购买力平价计算，人均年收入 4000 美元以上的所有个人都被认为是全球中产阶级和富裕阶层（GMR）的一员。在此之前，世界银行定义那些人均年收入在 4000 美元～17000 美元的人为中产阶级。收入 17000 美元以上的那些则被认为是富裕阶层的成员。

### 表 3.3　贫困人口百分比

单位：%

| 日均生活消费低于 1.25 美元 | 2005 年 | 2010 年 | 2020 年 | 2030 年 | 2050 年 |
|---|---|---|---|---|---|
| 中　国 | 15.9 | 7.9 | 3.1 | 2.0 | 1.2 |
| 印　度 | 41.6 | 34.5 | 10.4 | 4.1 | 2.5 |
| 印　尼 | 27.4 | 18.1 | 7.4 | 4.1 | 2.3 |
| 撒哈拉以南非洲 | 45.8 | 39.7 | 26.2 | 16.1 | 8.4 |
| 日均生活消费低于 2.00 美元 | 2005 年 | 2010 年 | 2020 年 | 2030 年 | 2050 年 |
| 中　国 | 36.3 | 19.5 | 5.1 | 3.2 | 2.0 |
| 印　度 | 75.6 | 64.1 | 40.5 | 19.6 | 4.0 |
| 印　尼 | 55.9 | 47.4 | 29.8 | 13.0 | 3.7 |
| 撒哈拉以南非洲 | 69.6 | 62.5 | 49.0 | 35.8 | 16.9 |

资料来源：世界银行数据；作者预测。

人数，即世界上一半人口，日均消费低于 2 美元。到 2050 年，G20 中将没有一个国家有超过 5% 的人口生活在极端贫困中，尽管仍会有相当一部分人生活在日均消费低于 2 美元的境况。（关于贫困率的预测方法请见附录。）

　　印尼、巴西、墨西哥和土耳其的贫困率预计将显著降低，但这一转变背后的原动力是中国和印度经济的增长。这两个国家在 2005 年时日均消费少于 1.25 美元的人数占世界的 48%。在过去的 25 年里，中国有超过六亿人从贫困中解脱（除了中国，自 1981 年以来，全球贫困人口实际上在增加）。2005 ～ 2050 年，中国和印度将使另外的六亿人摆脱极端的贫困[①]。

---

① 贫困模式建立在拉威廉（2001 年），阿卢瓦利亚及其他人（1978 年），以及阿南德和堪布（1991 年）的研究基础上。贫困数据来自世界银行（2009 年）和联合国大学世界发展经济学研究所（2008 年）。

经济增长也将带动撒哈拉以南的非洲地区的数百万人减轻贫困，但该地区仍将是世界上最贫困的。该地区的强劲增长所带来的好处将被迅速扩大的人口分散，使得那些在 2005 年有不到一半人口日均消费低于 1.25 美元的地区的人均收入依旧很低。尽管未来 40 年将有显著改善，贫困率却仍将相对较高：到 2050 年，8.4% 的人口的日均消费仍将不到 1.25 美元，而 16.9% 的人口的日均消费仍将低于 2.00 美元。

这些趋势固然带来了希望。然而，它们并不意味着贫穷将不再是一个经济发展和人道主义需要关切的严峻问题。稍高的贫困线，即日均消费 2.00 美元，尽管可以满足人类的基本需求，但仍然生活得极为窘迫。绝对收入也不是人类生存状况唯一的衡量标准；不论是在国内还是其他国家，巨大的收入差距将严重限制最贫困阶层在政治上的发言权、社会的参与度以及获得经济市场和机会的渠道。

许多脱贫的人将变为新的 GMR 阶层。预测表明，G20 中发展中经济体的 GMR 人口很可能从 2009 年的 3.68 亿增长到 2050 年的 19 亿（见表 3.4）①，对于这一点我们将在第四章进行进一步的详细讨论。今天，全球 GMR 人口的 24% 来自发展中国家，到 2050 年，这个比例将达到 60%②。但发达国家 GMR 人口的购买力将比 G20 中发展中国家 GMR 人口的购买力大 60% 左右。

---

① 包括中国、印度、俄罗斯、巴西、墨西哥、阿根廷、印尼、土耳其和南非。尽管沙特阿拉伯也是 G20 的发展中经济体之一，它却不包含在这些计算中，因为关于其收入分配没有可供参考的数据。

② 这是在 G20 中发展中国家的 GMR 人口在包括所有发达国家中 GMR 人口的总人口中所占的比例。据推测，发达国家有超过 95% 的人口属于 GMR。

64

表 3.4　全球中产阶级和富裕阶层（GMR）规模

单位：百万人

| | 2009 年 | 2020 年 | 2030 年 | 2050 年 |
|---|---|---|---|---|
| 先进经济体 | 1193 | 1225 | 1254 | 1284 |
| G20 发展中经济体 | 368 | 740 | 1295 | 1958 |
| 中国 | 118 | 375 | 779 | 1092 |
| 巴西 | 66 | 80 | 110 | 170 |
| 俄罗斯 | 57 | 82 | 93 | 98 |
| 印度 | 37 | 69 | 121 | 273 |
| 墨西哥 | 37 | 51 | 72 | 111 |
| 土耳其 | 17 | 29 | 46 | 70 |
| 印尼 | 11 | 20 | 33 | 81 |
| 阿根廷 | 17 | 21 | 28 | 40 |
| 南非 | 9 | 13 | 14 | 23 |
| 非洲四大经济体 | | | | |
| 尼日利亚 | 4 | 6 | 10 | 22 |
| 肯尼亚 | 4 | 7 | 10 | 26 |
| 埃塞俄比亚 | 3 | 6 | 11 | 34 |
| 加　纳 | 1 | 3 | 5 | 18 |

资料来源：世界银行数据；作者预测。

# 贸易和金融一体化

假设这个世界不会退回到贸易保护主义，在未来 40 年里，发展中国家作为进出口商的作用都将显著增加，这表现为它们的经济高增长率和国内中产阶级的崛起。它们在全球出口中所占的份额将增加一倍以上。此外，随着发展中国家之间的贸易将超过与发达经济体的贸易，它们对发达国家市场的依赖预计将减弱。而随着成功发展中国家的收入、工资、资本－劳动比率和教育水平的增长快于工业国家，全球贸易的比较优势模式也将改变。这些趋势在第四章会得到更详尽的讨论。

金融一体化会增加，而随着发展中国家贸易参与度的提高，它们在资本流动中所占的份额也将上升。在金融危机前，强劲的全球经济增长、有利的融资环境以及国内政策的改善，导致流向发展中国家的私人资本激增。展望未来，政策的持续改善和贸易的迅速扩大（这将吸引 FDI，同时由于信誉的提高，其他的资金也将被吸引），很可能会使私人资本流入保持上升趋势。即便假设 FDI 与 GDP 的增长速度一致，而不是像近期的事实一样比 GDP 增长更快，那么发展中国家在全球 FDI 净流入中所占的份额也将从 2005～2007 年的 25％ 蹿升至 2050 年的 66％。许多低收入国家将跨越等级门槛来吸引私人投资，银行贷款也将增加。在发展中国家彼此之间，甚至在工业化国家中，发展中国家也将日益成为更大的投资者。

发展中国家更大的金融一体化将带来新的机遇。比如非洲，因为经济危机的到来，援助性的资金流入预计将变得更少，但私人资本流入的潜力相对而言却尚未开发。

与此同时，更大的金融一体化也将对宏观经济和监管政策提出新的挑战。这些政策需要确保资金被有效利用，避免因为人为误导或市场泡沫而使资本流动突然停止和发生逆转，这同时也需要建立相应的资金保障措施（见第五章讨论）。

## 相对价格的前景

在未来几年内，初级商品的价格相对于制成品可能会继续逐渐下降（在二十一世纪前十年的中期，商品价格激增）。浩如烟海的实证研究表明，初级商品的价格相对于制成品已经历史性地下降了，并且预计会有一个长期的 -0.6% ~ -2.3% 的年下降率①。

持续下降的原因已被广泛探讨过了，包括相对于制成品和服务，初级商品的需求弹性低，替代品的增长以及快速的技术进步降低了种植或提取这些材料的成本。

此外，基本制成品的价格相对于知识密集型的产品和服务预计将继续下降。制成品相对于服务的价格下降是经济发展的良性表现。1950~2000年，美国制造业的生产率年增长率为2.8%，而非农产业整体的年增长率为2.0%。1990~2002年，制造业劳动生产率的相对增长速度更是令人印象深刻：年增长率为3.9%，而非农产业整体年增长率为2.3%。这种强大的生产力上的改变，降低了生产制成品的成本，因此它们的价格相对于服务也就下降了。

乍一看，包括中国和印度在内的发展中大国在加速增长中对初级产品的大量需求，会阻挡初级产品价格的下降趋势，因为中国和印度是能源、材料和许多农产品的净进口国。然而需要考虑三个起始效用。

首先，发展中国家在商品的生产和使用上的技术都广泛进步了，这将增加供应而减少需求。例如，联合国粮食与农业组织（FAO）和经济合作与发展组织（OECD）认为农业生产力很可能实现中期增长，而且指明了是在中欧、东欧以及撒哈拉以南的非洲。如果实施现有技术的话，农业生产力将可以显著上升。

其次，对商品的投资也将上升。这在农业上的体现是再清楚不过的了，用更多的土地来进行种植的潜力是巨大的。目前，有14亿公顷的土地用于农作物生产。最近FAO和OECD估计将另有16亿公顷土地可能被用作耕种。非洲和拉丁美洲发现，它们

---

① 格林伯格和牛顿，2007年。

大多数的土地非常适合旱作作物生产。然而，需要有大量的基础设施投资和体制改进才可以让它们得到有效利用，而且因为是用新土地来耕种，它的产量可能需要更长的时间才能跟得上。此外，生产原料的投资（包括中国和印度的直接资助）也可能会上升，这也将增加供应①。

最后，即便是全球人口绝对数量上升，其增长预计也将放缓，这将直接转化为对商品的需求增长减少。而人均收入的上升可能会增加对其他产品的需求，当收入达到一定的阈值后，它对农产品的需求应该就不会发生巨大的变化。

从根本上讲，GDP 的增长一直超过对商品的需求。尽管商品价格这种下降趋势的强度不是一成不变的，但仍需要一个重大的外部变化来打破它，只是不清楚具体将是什么变化②。一些很快到来的更具突破性的技术，包括生物技术和器械小型化，既可以降低部分商品的需求，又能大大提高它们的供应。减少二氧化碳排放量的动力也开始在能源使用中出现。但石油可能在商品价格的下降趋势中是一个重要的例外。为避免用尽可用的储备，油价一直居高不下。价格的前景关键取决于气候变化影响的严重性，这可能会导致世界上一些地区的粮食和土地短缺。

除了这个长期的下降趋势外，商品价格还可能持续大幅波动，可能会再次出现像二十一世纪前十年中期那样的价格暴涨，就像如今一样。商品价格高波动性的原因也已被广泛探讨，它们包括低水平的短期收入以及需求和供给的价格弹性、较长的投资周期、影响农产品的天气因素以及阻碍市场有序调整的政策误导

---

① 经合组织／粮农组织，2009 年。
② 世界银行，2008 年。

的时代之前，曾长期引领价格的高波动性。新的不稳定的来源可能包括由于全球气候变化而带来的更多变的天气以及商品和商品衍生品炒作的增加。

# 移民增加

移民已经十分显著，如今有超过 2 亿人在他们的出生国以外居住。由于大衰退及其对劳动力需求的影响，移民压力已大幅降低。但在未来几年内，移民增加的压力可能会加剧。民主化的趋势、经济机会方面的巨大（在某些情况下还在扩大）差距、移民网络的传播、更深入的沟通以及更大的承担移民成本的能力，都会增加劳动力的流动性。从长远来看，气候变化的影响可能会大大增加从被影响得最厉害的发展中国家地区移民出来的需要（关于移民增加前景的讨论，请参阅第六章）。

# 风　　险

过去 40 年中发生的重大变故包括三次主要的金融危机（20 世纪 80 年代的债务危机、亚洲金融危机以及 2007～2009 年的大萧条），柏林墙的倒塌以及中国的崛起。应该说，与之前的 40 年（其间有大萧条和第二次世界大战）相比，冲击相对较小。

至少有四种风险可能使前文中的预测失效，这里分别进行一下简要介绍。

## 气候变化

尽管自然资源还没有成为一种极大的制约，气候变化却可能严重降低全球经济的增速。气候变化已经在发生，但其时间和影响的严重程度仍然难以查明。在基准预测里，即使假设上文讨论的所有推动增长的积极因素能够掩盖任何负面影响，气温仅仅缓和上升 2 摄氏度也足以大幅降低福利，尤其是在发展中国家。而且如果没有控制碳排放量的一致努力，更大的温度上升幅度将是可能的，这对许多发展中地区将是灾难性的影响（关于气候变化潜在影响的讨论，请参阅第七章）。

气候变化可能带动大规模的移民，从最受影响的地区（南亚、东亚和非洲）向工业化国家流动，因为工业化国家最能适应气候影响，甚至还可以从气温缓和上升中受益①。

它还可能加剧贸易保护主义。用以弥补公司更严格的排放标准的边界调整已纳入美国国会的立法草案，而且至少有一个主要欧洲国家领导人表示明确支持。它们被中国、印度和许多其他发展中国家视为严重的不平等，这些国家的碳排放量只有工业化国家的一小部分。根据 WTO 规则，这些边境调整的合法性还值得商榷，但一旦通过，它们将会给国际贸易关系带来大量难以预料的后果。

## 地缘政治的崩溃

在未来 40 年里，经济和军事权力可能会发生历史上的最大变化之一。中国的影响力将上升，可与美国抗衡，甚至可能超过美国。而主要的发生力量转变的地区内，中国和印度与日本形成鲜明对比，欧洲列强继续走在一条相对衰落的路上，而巴西和墨西哥在拉丁美洲的地位则（可能）进一步提升。

历史证明，这些过渡绝非易事，而且沿途很可能击中其中的

---

① 政府间气候变化专门委员会估计：在欧洲、澳大利亚和新西兰，生长季节将延长，霜冻风险将下降，而生产新作物也将可行（帕里等，2007 年）。

任一要害。即使具有国家或区域影响力的重大纠纷得以和平解决，经济关系也可能因贸易争端以及在应对气候变化、全球公地及许多其他问题和重大经济危机上的不同策略而受到损害。

总之，全球化不可能存在于真空，维护国际社会的凝聚力对它的延续至关重要。

### 金融危机和萧条

在 2009 年之际，世界经济接近消亡，这一教训警惕我们必须消除任何的自满情绪。在国际金融一体化的危险潜伏时，哪怕是世界上最发达的经济体，也仍然缺乏足够的监管机制和健全的宏观经济政策。

然而，这些国家是否有能力把大萧条的许多经验教训转化为有效的改革，这尚未得到证实，甚至值得高度质疑。原因是多重的，包括金融行业对改革的阻力、关于监管和市场规律的思想分歧、采取国际协调行动的困难、现代金融市场的复杂性，以及国内国际监管机构的能力低下。此外，处理各种宏观经济失衡的政治挑战也是十分艰巨的。

可以说，从危机中重新站起来的世界经济并没有减轻压力，而是处于一个更危险的境地，表现为庞大的公共债务、难以扭转的金融保护政策、过剩的流动性、大大增加的道德风险，尤其是那些被视为"大到不能倒"的金融机构。这些漏洞不会很快消失，事实上，随着时间的推移，一旦灾难的记忆开始褪色，金融业对风险的胃口重新敞开，它们可能会变得更大。

### 保护主义

在这个预测里，保护主义的复发也许是最重要的一个风险，因为增长的预测是建立在依赖于开放的国际市场的技术追赶和效率增强的假定基础之上的。

鉴于当今全球经济关系紧密交织，而且世贸组织和区域协定设有大量规则，包括国际法律补救程序，使得保护主义的大规模复发可能只是上文所讨论的其他风险因素的并发症。当大国的关系恶化到采取军事行动或进行经济敌对的地步，经济出现萧条且伴有大规模失业的上升（2009 年勉强逃过此劫），或是对气候变化存在深刻分歧，并试图用贸易制裁作为执法机制，国际市场可能会变得封闭。如果以上这些条件并发的话，开放贸易的风险就将加剧；而一般说来，地缘政治的崩溃、金融危机和贸易保护主义等风险都倾向于并发。

# 另一种可能：低增长的情景

如果上述的任一或所有风险成为现实，增长可能明显要慢于预计。在一个低增长的情景下，工业化国家的增长率预计将比基准情况低 0.3～0.5 个百分点，中国和印度的增长率比基准低 1～1.3 个百分点，其他新兴经济体的增长率比基准低 0.5～0.8 个百分点，而撒哈拉以南非洲地区的非 G20 经济体的增长率则要比基准低 1.5 个百分点。在这些假设下，G20 的 GDP 在 2050 年将达到 109 万亿美元，比其基准 GDP 低 32%。中国和印度将跻身世界前三大经济体，但以美元计算则仍将小于美国。但是中国的购买力平价 GDP 则将超过美国，成为世界上最大的经济体。新兴市场在全球经济中的相对分量仍然会上升，"五大＋墨西哥"的平均年增长率为 4.5%，而 G7 的年增长率为 1.6%。（完整结果见附录表 A1）。

全球经济增长放缓将意味着脱贫的进展更慢，尤其是在撒哈拉以南的非洲地区。与基准相比，2050 年时印度和印尼的极端贫困（日均消费少于 1.25 美元）人数只会稍微多一些，但是在撒哈拉以南的非洲国家，包括南非，到 2050 年贫困率将接近 15%，即 9500 万人，而基准贫困率为 8%。相比之下，2005 年在这五个国家中，有 1.48 亿人处于极端贫困的境地。2050 年时撒哈拉以南非洲日均消费少于 2 美元的贫困人口预计为其总人口的 32%，即将有 2.05 亿人在此贫困线以下。而 2005 年时这一数量为 2.25 亿，可见减少得并不多。

经济增长放缓对发展中国家的全球中产阶级和富裕阶层（GMR）的增长也将有一个中等的影响。G20 发展中国家的 GMR 阶层人数在 2030 年和 2050 年将低于基准预测的 15% 左右。中国和印度 2030 年的 GMR 人数则可能分别比基准低 20% 和 30%。

然而，发展中国家在世界贸易中的分量仍将大幅上涨。发展中国家在世界出口中所占的份额将是 61% 左右，比基准预测的份额少了 8 个百分点。发达国家的出口份额在低增长的情景中将略高，但不会大到可以取代中国作为世界领先的出口国。中国的出口将占全球出口的约 20%，其次是欧盟，占 17%。

假设没有减少碳排放量的努力，碳浓度在这种低增长的情景下，将会低于基准预计的增长率，这使得减缓气候变化的任务会轻松一点，但经济增长放缓也减少了必要的投资空间，即如果坚持在哥本哈根会议上提出的承诺，在排放量/GDP 的比率上要求削减量减少，则这种削减的成本（相对于 GDP）却有可能更大。

# 结　　论

笔者认为，世界经济正在经历一场深刻的变革，表现为拥有世界绝大多数人口的发展中国家的经济增长加速，以及它们更加融入全球市场的一体化。尽管许多国家仍然落后，但近年来，随着贸易、资本、劳动力和技术的国际流动，效率提高的发展机遇业已显现。但是发展中国家的生产率和生活水平仍只达到发达国家的一小部分，但它们正在以极快的速度提高，因而将要取得的潜在收益也会更大。

这些机会可以同时为最富裕和最贫穷的国家打开新的发展途径。最富裕国家将会发现其先进产品的广阔新市场，而最贫穷国家则可能会发现，随着亚洲巨人经济体转移到更精良的产品市场，商品和基本制成品出口的巨大新市场出现，通过制成品出口来提高技术发展自身成为可能。

然而，这些良好的发展前景还远没有定论，任何国家都不能指望自动获得这一奖励。健全的国内政策将是成功必要条件，包括稳定的宏观经济、健康的商业氛围、适当投资的教育，当然还有更多的必要条件。国际社会需要共同努力来继续建立为确保贸易、资本、人员和技术持续流动所必不可少的国际一体化框架。国际社会需要共同建立应对大规模金融危机的更强大的屏障，需要找到一种方法来避免不受控制的气候变化可能带来的环境灾难。而首先，它们将不得不处理发展中世界带来的历史性转变，确保这次向新角色的权力移交能够免于战争和保护主义。

## 参考文献

1. 阿卢瓦利亚、蒙特克 S.、尼古拉斯·G. 卡特、霍利斯·B. 钱纳里：《发展中国家的增长和贫困》，《发展经济学杂志》，6（1978）：299 – 341。
2. 阿南德、苏德荷、拉维·堪布：《国际扶贫预测》，《政策研究工作文件丛书》，世界银行，华盛顿特区，1991 年。

3. 阿明顿、保罗、尤里·达杜什：《第四极》，《国际经济透视》1993 年 5 ~6 月，2 -4。

4. 巴拉萨、贝拉：《购买力平价学说：笔谈》，《政治经济学杂志》，72（1964）：584 – 96，http：//burbuja. udesa. edu. ar/materias/kawa/ecintmon/balassa64. pdf。

5. 格林伯格、罗曼、萨曼莎·牛顿编著《商品价格与发展》，牛津大学出版社，2007。

6. 豪克斯沃斯、约翰：《2050 年的世界》，普华永道会计师事务所，2006 年。OECD/FAO（经济合作与发展组织/粮食及农业组织）：《经合组织/粮农组织农业展望 2009 ~2018》，巴黎，2009 年。

7. 帕里、马丁、奥斯瓦尔多·坎加力、让·帕鲁提科夫、保罗·范·林登、克莱尔·汉森编著《气候变化 2007：影响、适应和脆弱性》，剑桥大学出版社，2007。

8. 萨缪尔森：《贸易问题的理论说明》，《经济与统计回顾》，46（1964）：145 – 54，www. clarku. edu/faculty/mcallan/Econ308/Readings/samuelson. pdf。

9. 联合国大学世界发展经济学研究所：世界收入不平等数据库，2. 0C，2008 年，www. wider. unu. edu/research/Database/en _ GB/database/。

10. 威尔逊、多米尼克、鲁帕·普鲁士特曼：《金砖四国之梦：通往 2050 年的路径》，《全球经济论文》，纽约，2003 年。

11. 世界银行：《全球经济展望和发展中国家》，华盛顿特区，1997 年。
　　——《全球经济展望：科技在发展中世界的传播》，华盛顿特区，2008 年，http：//siteresources. worldbank. org/INTGEP2008/Resources/complete – report. pdf。
　　——《世界发展指标 2009》，华盛顿特区，2009 年。

# 第四章
# 贸易：发展的大舞台

贸易的增长速度将持续大幅超过 GDP 的增长速度，且发展中国家的崛起将改变世界贸易比重。现在发展中国家与发达国家在世界贸易中的份额比例是三七开，到 2050 年，这一比例预计将变成七三开。中国将成为全球贸易流动的中心，而发展中国家将在制成品贸易中占主导地位，并成为外国直接投资的最大目的地国，或许同时还是最重要的输出国。

贸易是国际合作和规则得以确立的最好的全球化平台。同时，一个开放的和以规则为基础的贸易系统，其需求势必会增长，同时来自各方面的竞争压力急剧上升，因而，保护主义可能会进一步抬头。

世界需要一个高效且充满活力的世贸组织来管理日益增加的贸易量，但世贸组织的运行风险正在增加，因为区域协定的数量已越来越多，而要在 150 多个成员方之间全面达成多边贸易又不可能。

为了保持彼此之间的关联，世贸组织需要推动各方达成一个多数关键成员方之间的协定。

发展中国家经济比重的提升及其融入全球市场一体化的进程，正在改变着世界贸易格局。在过去的 12 个月里，中国成为世界最大的出口商、制造商、能源消费国和汽车市场。历时 30 年，中国已成为大多数国家的主要贸易伙伴，而巴西、印度、印尼和墨西哥也可能和它一同跻身前十大贸易国的行列。

到 2050 年，发展中国家预计将占世界商品贸易份额的近 70%，这个数字将超过目前的 2 倍，而届时，欧洲和美国的份额将削减一半。与 20 世纪下半叶由少数富国主宰的情况不同，世界贸易体系将逐步被巨大的发展中国家和发达经济体共同统治。

发展中国家贸易的快速增长将至少带来四个重要的结构性变化：它们正在迅速提高在制成品贸易中的参与度；它们正在成为全球的中产阶级大本营；它们吸引外国直接投资的份额不断攀升，并日益融入全球增值链；它们正在新贸易政策的建立中逐步发挥主导作用，尤其是区域和双边贸易协定。

所有这一切都将创造巨大的贸易机会同时也带来显著的治理挑战，对 WTO 这一世界贸易的最终调节者而言尤其如此。在全球化的四个渠道中，贸易方面的国际合作取得的进展最多。但随着美国与欧盟在世界贸易中的分量迅速下降，谁将引领全球贸易谈判？是接受由巨型发展中经济体的低工资竞争带来的冲击，还是任凭保护主义的加剧？WTO 烦琐的一致性程序将如何应对复杂和瞬息万变的现代贸易关系？

本章描述了随着发展中国家的崛起，国际贸易过程中所产生的主要趋势和前景；重新审视了这种状况对世界贸易体系提出的政策挑战，并提出了一些改革建议。首先，我们来简要回顾一下发展中国家参与世界贸易的历史。

# 历史上发展中国家的贸易

当前发展中国家主导的一些主要贸易路线至少可追溯到古罗马时期①。丝绸之路作为当时两大主要文明的直接通道，连接了东方的中国和西方的罗马帝国，它是最重要的贸易路线之一。从公元前300年起，丝绸、宝石、香料和其他奢侈品（相对重量而言，价值很高）就开始沿着这条路线运输。中国和印度还参与了与东欧和伊斯兰世界的陆路贸易。直到1500年，中东的马帮路线和地中海的航运路线也属于主要的国际贸易路线。

15世纪，欧洲开始了宏大的横跨大西洋和太平洋的探索航行，以绕过好望角海岬环游地球一周为航行活动的顶点。自此，新的贸易路线（尤其是那些横跨大西洋的）开始取代之前建立的欧洲—地中海—亚洲连线。贸易飞速扩张，足以让以往的速度相形见绌。1500~1815年，洲际贸易量年均增长率约为1%，而当时全世界的人口同比年均增长率仅为0.25%（见图4.1)②。而这还只是1870~1915年年均增长率的一半，如果与更近一段时期的速率相比，就简直慢得像蜗牛了。例如，大萧条前的35年里，年均增长率接近7%。

1500年以来，贸易量的增长速度明显变快，洲际的商品贸易范围也在不断扩大。由于导航和航海技术的改进，运输成本下降，大宗货物的贸易变得更为重要。最初，发展中经济体出口的货物只有高附加值的香料和丝绸。随着时间的推移，像糖和棉纺

① 早在16世纪，中国和印度就已属于世界高收入经济体的行列，直到20世纪前期，阿根廷也是。但我们提到发达国家和发展中国家时，根据的是它们现在的情况。据世界银行发布的标准，发展中经济体是指那些2009年国民人均总收入低于12195美元的国家。

② 芬得利和奥罗克，2001年。

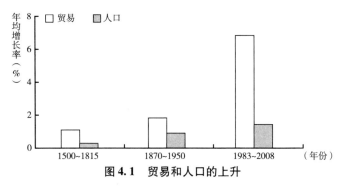

**图 4.1 贸易和人口的上升**

资料来源：OECD 数据；麦德森，2007。

织品这一类大宗商品的贸易也成为可能，而且有利可图。在 18
世纪 50 年代，印度的棉纺织品出口占英国东印度公司对欧洲出
口的一半以上。

　　来自美洲的新商品贸易量也在增长。16 世纪，欧洲从"新
世界"进口的主要是白银①，而 18 世纪，美国的糖约占欧洲进
口的 50%②③。当工业革命在英国和欧洲大陆如火如荼地展开之
际，"新世界"初级商品（尤其是棉花）的供应是必要的。随着
纺织品和其他制成品出口的增长，英国在国际贸易中变得更加活
跃。在英国国民收入中，出口所占的份额从 1700 年的 8.4% 上
升到 1801 年的 15.7%④。

　　18 世纪时，与棉花、食糖和烟草贸易的高潮相呼应，奴隶
贸易也在激增：历史上奴隶贸易所输送的 900 万 ~ 1000 万人中，
有 2/3 是在 18 世纪被运送的⑤。与此同时，欧洲用转售美国黄金

---

①　巴瑞特，1990 年。
②　斯蒂思佳得，1995 年。
③　"新世界"指西半球，尤其是美洲。
④　克拉夫特，1985 年。
⑤　巴瑞特，1990 年。

白银和奴隶贸易的收益来支付香料、瓷器、丝绸、茶叶和棉纺织品的进口开支。

进入19世纪后，欧洲发达国家出口了更多的制成品，而亚洲、拉丁美洲和非洲等发展中经济体出口的绝大多数仍为初级产品。19世纪，运河、轮船、铁路等一系列运输手段的革新促进了世界贸易的扩张。从19世纪20年代到该世纪末，世界贸易年均增长率约为3.5%，这使得发展中国家能出口大宗商品的范围更广，如小麦、钢铁和其他矿物质。

同时，发展中国家也是很重要的出口目的地①。1600~1800年，亚洲吸收了世界白银产量的近40%。1880年前后，亚洲、拉丁美洲、非洲和大洋洲的发展中经济体进口了世界上约50%的制成品，当然同时，它们出口了近40%的初级商品。

直到20世纪，发展中国家的制成品贸易才开始崛起。由于对制成品需求的增长速度比初级商品要快，因此相对于制成品，初级商品价格下跌，初级商品在世界商品贸易中的份额也急剧下降，从1913年的约63%下降到了20世纪末的18%②。同时，发达国家的工资稳步上升，而发展中国家从发达国家吸收技术。最终，亚洲和拉丁美洲部分地区的许多发展中经济体开始出口劳动力密集型的制成品。

在过去几十年中，全球服务贸易量大幅增长，从1975年占世界GDP的7%上升到现在的12%。2008年，发展中国家在全球服务出口中所占的份额从2000年的24%上升到了27%。商业性服务出口有2/3来自亚洲发展中国家。

随着运输和旅游业不断发展，发展中经济体在这些领域的份

---

① 戴维斯，1962年。
② 芬得利和奥罗克，2001年。

额也不断提高，全球服务贸易的组成也随之发生了变化。2000～2008 年，发展中国家运输业和旅游业的收益所占世界份额提升了 5 个百分点，其中运输收益占世界份额的 30%，旅游业占 34%。在过去 10 年里，发展中国家的远程服务风起云涌，涵盖了呼叫中心领域、会计和订单处理的后台办公功能，甚至软件开发这类的高附加值服务。

发展中经济体在世界出口占有重要份额这一事实已持续了一个多世纪①。据麦迪森研究，1870～1990 年，它们所占的份额在 20% 上下浮动。尽管在第二次世界大战之后曾经高达 30%，但到 1990 年，又回落到了 20%。然而，从那以后，发展中国家已经增加了一半以上的份额。

## 当今的世界贸易

20 世纪 80 年代以来，发展中国家为世界贸易的加速做出了很大贡献。过去 10 年中，它们相对分量的巨大提升（在世界商品出口中所占份额从 1996 年的 19.5% 上升到 2006 年的 30%）不仅表现为中国出口的飞速崛起，还表现在油价的节节攀升，以及最近才融入全球贸易的中东欧和中亚地区出口的快速增长。而与之相反，有些国家的出口增长仍然落后。例如，2006 年印度在全球商品出口中所占的份额几乎仍然不超过 1%，尽管其在商业服务出口中所占的份额同期从 0.6% 上升到了 2.5%（见图 4.2）。

随着石油价格的上涨，石油出口国在世界出口中所占的份额得到了大幅提升。中东和北非地区的份额从 1.4% 上升到了

---

① 麦迪森对发展中国家的定义包括亚洲（日本除外）、拉丁美洲、苏联和非洲。

4.5%，撒哈拉以南的非洲从 0.7% 上升到了 1.6%。东欧和中亚国家在向市场经济转型以后，出口所占份额也得到了大幅提升，相应的还有进口的大量增加以及经常账目赤字的不断增加。

　　相比之下，大多数工业国家出口所占的份额则下降了，美国的份额从 13.9% 下降到 9.5%。日本的下降尤为明显，从 1996年的 8.6%（明显高于巴西、中国、印度和俄罗斯的总和）下降到 2006 年的 5.4%，比中国一国所占的份额都少（见图 4.2）。

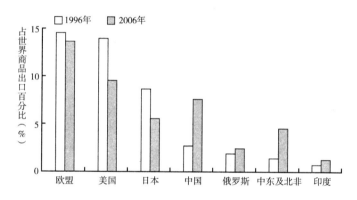

**图 4.2　发达国家出口份额下降，发展中国家出口份额上升**

注：欧盟是额外的贸易。

资料来源：联合国商品贸易统计数据库。

　　发展中国家作为出口市场的重要性也增加了。收入和人口的增加为发展中国家提供了更多的外汇，使它们能够购买全球市场中那些高端和多样化的商品。1996～2006 年，欧盟对中国的出口翻了两番多，对俄罗斯、中亚、东欧和撒哈拉以南非洲地区的出口达到了原来的三倍以上。但在过去十年中，欧盟对日本的出口变化不超过 2%，而对其他工业国家的出口甚至从 9% 下降到了 7%。美国对发展中国家的出口也增加了，从 1996 年占美国出口总额的 31% 增长到了 2006 年时的 38%。

2009 年的大萧条使得全球贸易减少了 11%，尽管之后又出现令人印象深刻的反弹，但贸易最近才恢复到危机前的峰值，而且比它预计未来 20 年的趋势仍然要低 10% ~ 15%。尽管如此，危机中发展中国家在世界贸易中的份额仍在持续上升。例如，中国取代德国成为全球领先的出口国，它在世界出口中所占的份额从 2006 年的 7.6% 上升到了 2009 年的 10%。

# 目前的四个趋势

为了便于解释发展中国家的贸易增长和描述当今世界贸易的转型，笔者总结了以下四种相辅相成的趋势。第一，政策向自由化发展，表现为与贸易发展相关的结构性变化，它建立在其他三个趋势的基础上。第二，发展中国家将主导制成品出口，产品的多样化大大增加了其市场的潜在规模。第三，发展中国家出现庞大的中产阶级和富裕阶层，他们成为更重要的消费者。第四，金融市场一体化和外国直接投资规模更大，这将促进和刺激贸易，包括组件和企业内部贸易①。

## 自由化

在过去的 1/4 个世纪里，发展中经济体在贸易中的作用发生了根本变化，这与全球贸易壁垒的减少有关。自 20 世纪 80 年代末开始，发达经济体削减了贸易加权，最惠国关税率平均降低了一半，从 6% 降至 3%。同时，发展中国家的最惠国关税率则从

---

① 这部分大量借鉴了第三章中关于 GDP 的预测。对金融一体化与全球中产阶级和富裕阶层（GMR）的估计来自预测，贸易预测也基于此，并使用随后讨论的方法。

19% 降至 7% 。与发达国家从一个较低的基数下降一个大百分比不同的是，发展中国家关税是从一个更高的基数下降，而这种更大的绝对量的下降，可能会带来大得多的福利①。

关贸总协定（GATT）谈判和 WTO 这类多边协定对过去的贸易自由化起到过推波助澜的作用，也为最近的单方（自主政策行动）、区域和多边自由化奠定了基础。关贸总协定谈判降低了发达国家和发展中经济体的绑定关税（单方实际关税的水平往往会远低于它们绑定关税的水平）。乌拉圭回合作为多边贸易自由化八大回合的最后一个综合多边协定，取得了工业产品绑定关税削减约 40% 的成果。该协定从最初水平，即平均 6.3% ，削减至 3.8% ，涉及 123 个成员方。这与第一个回合涉及 23 个成员方并实现把绑定关税从一个很高的水平削减到 26% 形成了鲜明对比②。

虽然在前几个回合里，发达国家间的关税得到了大幅减少，但在乌拉圭回合中，却建立了发展中国家的关税承诺，这种成果十分显著。发展中国家整体同意的上限，从其关税线的 22% 上升到了 72% 。而之前认为过于敏感的行业，如农业、纺织以及服装，都被纳入多边框架之内。同时，以与贸易相关的知识产权和服务为典型代表的新领域也被纳入该系统。

即使如此，乌拉圭回合的多边谈判进展一直极为缓慢，致使大家心灰意冷。多哈回合的效果则显然更加低下。事实上，自 1995 年乌拉圭回合结束以及 WTO 创建以来，多边贸易谈判并没有带来商品贸易自由化的重大突破或绑定关税的减少。大家似乎在与 WTO 进程日益脱离。

多哈回合缺乏进展，部分是因为农业，农业政策方面的协定

---

① 马丁，1997 年。
② 第九章进一步探讨了在多边谈判中包容性和取得显著成果之间的矛盾。

被认为是打破僵局的关键。以前的谈判未能提供农业领域的重大改革，在国际贸易中农业仍然是最受保护的行业之一，具有进口高关税、出口补贴以及发达经济体的配额。高收入国家的农业关税比商品产品高出约 5 倍，比制成品高 8 倍（不包括纺织品和服装）[1]。此外，2002 ~ 2004 年，OECD 经济体以支持生产工具的形式对农民的直接补贴平均高达 2500 亿美元[2]。发展中经济体的农业在生产、出口和就业中所占的比例要比发达经济体高得多，因而发达经济体对农业的这种高成本保护使得农业政策在多哈回合的谈判中成为关键问题。

谈判中涉及减少扭曲贸易的国家补贴、取消出口补贴以及大幅度提高农产品市场准入等几个方面，但尚未取得令人满意的进展。而如果发达经济体不提高农产品的市场准入，发展中经济体似乎也不愿意开展那些发达经济体感兴趣的领域的谈判，如服务业的市场准入等。

尽管如此，WTO 自 1995 年成立开始，一直是确保贸易的关键。在吸引中国和其他成员加入的方面以及解决争端时，它的影响力得到了最明显的展示。此外，在服务贸易总协定（GATS）中，电信和金融服务这些经济方面的重大协定已经达成，并且在一些发展机构中，贸易援助计划也已成为一个重要的载体。

尽管 WTO 的进展速度较慢，世界贸易却在继续以前所未有的速度推进。在过去的 25 年里，它已经比世界人口增长的速度快了约 5 个百分点，而在 1870 ~ 1950 年，这一比差仅约 1 个百分点。尽管交通创新、通信技术进步和经济增长等许多因素都有助于世界贸易的快速增长，但相比之下，自由化的作用更为明确。

---

[1] 安德森和马丁，2006 年。
[2] 经合组织，2005 年。

多项研究证实了贸易自由化对促进全球贸易的重要意义。据拜尔和博格斯崔德研究，1960～1990年，25%的世界贸易增长可以归因于贸易自由化[1]。阿德勒和赫夫鲍尔认为，1980年以来，贸易自由化对美国商品贸易增长的贡献也达到了相似份额（25%），单方贸易自由化的重要性相当于多边的两倍[2]。

近几十年来，世界各地自主政策的变化则更要归功于大量的关税自由化。大多数大国的综合贸易改革（如20世纪90年代初阿根廷、巴西和中国的改革，以及最近印度的改革）主要是单边的。20世纪80年代中期以来，有60多个发展中国家已经单方面降低了进口壁垒。1983～2003年，所有发展中国家平均加权削减了21%的关税，而单边改革占到其中的2/3[3]。类似研究表明，1995年以来，商品贸易应用关税的减少只有25%缘于乌拉圭回合，10%缘于区域协定（见图4.3）。

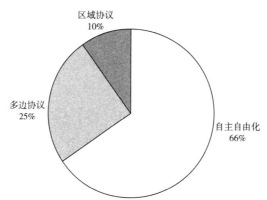

**图4.3 发展中国家平均削减了21%的关税，其中单边改革占到2/3**

资料来源：马丁和恩格，2004年。

---

① 拜尔和博格斯崔德，2001年。
② 阿德勒和赫夫鲍尔，2009年。
③ 世界银行，2005年。

86

如果一个美国的出口商与智利的进口商进行贸易，可能觉得业务会很难像在美国境内那么放心，而有了美国—智利自由贸易协定或智利对 WTO 的承诺，情况肯定会变得更好。当然，风险程度的不同取决于智利的法律法规以及与美国的差异大小。即使没有任何贸易协定，一个俄罗斯的出口商也可能觉得与美国或智利进行贸易与在国内销售一样放心，因为俄国的法治得分较低，且尚在 WTO 以外。多边协定下的保护也并非事事奏效，它包含防护措施以及反补贴税和反倾销的规定，但国家间争端解决的补偿规定往往运转不灵。

20 世纪 90 年代以来，区域贸易协定（RTAs）① 迅猛增加，同时，发展中国家正在开展自主自由化政策，并在乌拉圭回合框架下践行承诺。截至 2010 年 2 月，共有 462 项 RTAs 已提交 WTO 组织，并有 271 项生效（一些已经失效，而其他则在谈判、批准或生效的过程中）②。随着 RTAs 的增加，它们所涵盖的世界贸易的比例也大幅提升：据联合国贸易与发展会议（UNCTAD）称，超过一半的世界商品贸易是通过 RTAs 合作伙伴进行的。

从社会主义过渡的国家重新融入全球经济，这可能是推动区域贸易协定热潮的部分原因，而多哈回合谈判进展缓慢与多边贸易体制的挫败，则是加强区域途径的更大动力。WTO 成立以来，RTAs 的活动大量增加，1995～2006 年，平均每年有 20 个新的 RTAs 达成，而在 GATT 的 47 年里每年却不足 3 个。

大部分区域协定是发达国家（北美）与发展中国家（南方）签订的，但随着发展中国家间几个主要的 RTAs 的出现，南—南

① 这是一些国家之间的协定，在互惠互利的基础上减少贸易壁垒。
② WTO 成员必然要通知 WTO 有关它们的区域贸易协定。通知还可能提到某成员新加入已有协定，例如，保加利亚和罗马尼亚加入欧盟海关联盟。

RTAs 的重要性得以提升。新的贸易协定不仅解决有关货物和服务贸易的问题，也解决如投资、贸易便利化、政府采购、环境和劳工标准、竞争政策，尤其是保护知识产权的问题。

WTO 条例有助于在危机期间警惕保护主义，促使世界贸易能以一个与它的下降速率同样瞩目的速率得以恢复。区域协定必定会不断扩展，这已是大势所趋。同时，对生产贸易（组件及企业内部的贸易已经飙升）的全球性依存度在不断增长，对消费者（消费者已经习惯了进口产品的多样性）可能也会有所裨益。

尽管已经取得了一定进展，贸易政策的进一步自由化仍将是全球贸易持续增长的关键。在服务贸易（今天的大部分经济活动）方面，具有约束性和强制力的 WTO 条例仍处于起步阶段。农业方面大量扭曲贸易的政策仍然存在，包括关税、配额和补贴等，单补贴一项就意味着工业国家的消费者需要为此付出超过2500 亿美元的成本[①]。与此同时，发展中经济体在关税及非关税贸易壁垒的进一步单方自由化上仍大有可为。例如，发展中经济体的制造业贸易加权最惠国待遇国家应用关税仍然在保持高位运行：仅低于 10%，约是发达经济体这一比例的 3 倍（3%）。

## 发展中国家将主导制成品贸易

发展中国家的贸易开始从初级产品向工业制成品实施多元化拓展，这样，它们出口收入增长的前景变得更好，价格稳定性也会更大，同时这些国家也可免于依赖初级商品的经济体所经历的贸易波动。这种过渡有时也会自然发生，但往往是靠国家通过出口导向的经济增长政策来积极寻求的。

---

① 经合组织，2005 年。

斗转星移，现在发展中国家在制成品出口中的分量增加了①，份额从 1996 年的 21% 增加到了 2006 年的 33%。在此期间，中国的份额增加了两倍，达到 9.8%，超过了美国和日本。其他发展中国家也增加了其产品种类和制成品的出口，撒哈拉以南非洲地区的份额从 7.1% 上升到了 18.7%。

如果发展中国家的矿物资源出口没有大幅上升，也没因此使汇率蹿升、投资转向矿业，那么它们的制成品出口可能会增加得更多，而出口多样化也可能推进得更远。由于矿物价格较高，加之天然资源的新发现以及更高的生产效率，发展中国家的矿物燃料和化学品出口显著增加。1996~2006 年，这两类产品的出口增长率是最高的，从 54% 升至 63%。撒哈拉以南非洲地区的矿物燃料出口额从 145 亿美元增至 809 亿美元，而中东和北非则从 369 亿美元增至 3600 亿美元。

## 外国直接投资推动生产的全球化

在大萧条前的十年里，发展中国家贸易快速增长，这得益于其金融一体化的重大进展。发展中国家金融一体化带来的更广泛影响，本书将在第五章探讨。本章的重点在于外国直接投资（FDI），它是发展中国家融入全球增值链和服务贸易（银行、零售、批发、运输、电信）的关键载体。大萧条前的十年，发展中经济体的 FDI 流入量几乎翻了两番。

贸易一体化有利于金融一体化。投资者利用外包和出口机会，鼓励资本流入，这使得进口输入更为容易，而伴随着效率的提高，出口也变得更加容易。

---

① 除另有注明外，制成品的数字是根据联合国商品贸易统计的分类，不包括机械和运输设备。

　反过来，金融一体化又促进贸易一体化。FDI 在很大程度上与价值链的分割有关：基于比较优势，将生产的各个阶段分到不同的地理位置。具体说来，效率寻求型 FDI 投资海外业务用以创造成本—效率比最高的生产网络。在发展中国家的贸易中，现在这类投资是关键的。据估计，中国出口中，国内成分所占份额只有不到50%[①]，约有近60%的中国出口源自外国投资的工厂。此外，高附加值的复杂制成品往往从十几个甚至更多国家采购组件。

　信息和通信技术（ICT）的进步已使这种分割成为可能。因此，生产过程的全球化也增加了中间产品（零部件和组件）在全球商品贸易中的作用。据 WTO 数据，2008 年，中间制成品在非燃料世界贸易中所占的份额达到40% 左右。而据 OECD 研究，2006 年，中间产品贸易占到各地区贸易总额的一半以上[②]。无论是生产者，还是服务提供者，一些规模较小的经济体（如马来西亚、新加坡和中国香港）通过对低工资的制造业平台进行整合，结果都成为了超级商人，具有极高的贸易/GDP 比。

　FDI 至少还通过其他三种方式在发展中国家贸易中发挥核心作用：第一，开发庞大的新市场（市场寻求型 FDI）；第二，开发天然资源（资源寻求型 FDI）；第三，供应外包服务（效率寻求型 FDI），如呼叫中心等。尽管效率寻求型 FDI 的比例越来越高，但同沃尔玛进军墨西哥一样，其大多数在发展中经济体的投资是被发展中国家的市场规模、人均收入及市场增长等因素吸引，也可归为市场寻求型。据 UNCTAD 一项关于全球跨国公司

---

① 考夫曼、王和魏，2008 年。
② 米罗德、兰兹和拉格西斯，2009 年。

生产国际化动机的调查，51% 的公司认为寻找市场是最重要的动机。此外，资源寻求型占 17% ，效率寻求型占近 10%①。

发展中经济体对 FDI 整合得越来越多，它们的国有企业已成为这类投资的主要来源。在资源、电信等诸多部门，越来越多的国有企业正成长为 FDI 的关键力量。各国的主要投资工具包括主权财富基金（SWFs）、国家石油企业和其他国有企业。SWFs 主要以庞大的经常账户盈余为动力，2009 年全球 SWFs 投资了 230 亿美元 FDI，这一数字比 2005 年的两倍还要多，超过了全球 FDI 流动的 2%②。这是新兴经济体投放 FDI 的主导方式。例如，中国十家最大的跨国企业都是国家投资的③，世界 13 大能源储备公司也都为各国政府所有，国有性质的企业控制了全球原油产量的 75% 以上。

国家政府，正在作为 FDI 的主要参与者对全球经济产生影响。随着国有企业资产价格的上涨和对 FDI 的参与，未来可能会成为更大的投资来源。据 UNCTAD 估计，到 2015 年，SWFs 资产有望达到 12 万亿美元（2007 年预计为 3 万亿美元），但迄今为止只有 0.2% 的 SWFs 资产涉及 FDI。由国家赞助的外国投资的增加已经引起关注，有意见认为这可能会破坏金融市场的稳定性，因为这类投资可能会出于政治目的，而不是为了经济增长的最大化。最近的一项研究也表明，这类投资可能会威胁到以市场为基础的发达经济体的竞争优势，而且从长期来看，这将放缓经济增长的速度，因为这些投资将因与国有企业相伴的政治动机、官僚主义、浪费和腐败而扭曲市场④。

① 贸发会议，2007 年。
② 由国家建立的投资工具，持有大量外币，用以最大限度地提高国家的投资回报。
③ 经合组织，2008 年。
④ 布雷默，2010 年。

## 发展中国家将成为全球大部分（消费型）中产阶级和富裕阶层的大本营

正如 WTO 和其他机构指出的，发展中国家经济的快速增长已经产生了一个庞大的全球中产阶级和富裕阶层（GMR）。2005年，这一群体的平均年收入按购买力平价计算在 4000 美元以上。他们的需求会更全面，尤其是对高级产品和服务的需求会增加，这使得国际贸易产品（如汽车和耐用消费品）的市场迅速扩大。他们还需要更多更好的教育、卫生和国际旅游服务。

在未来 40 年里，GMR 阶层将大幅增长，而且几乎完全是在发展中国家。基于第三章中的预测，G20 中发展中经济体①的GMR 人口将从 2009 年的约 3.68 亿（与欧盟的总人口大致相等）增长到 2030 年的 13 亿，并在 2050 年达到 19 亿（见表 3.4）。目前全球 GMR 人口有 24% 来自发展中国家，到 2030 年，这个份额预计将上升到 50% 左右，而到 2050 年将达到 60%②。但是发达国家 GMR 阶层的平均收入届时仍将比 G20 发展中国家的 GMR阶层的高 60% 左右。

GMR 阶层在 G20 发展中国家人口中所占的份额将从 2009 年的 11% 上升到 2050 年的 48%。即便是在收入严重不平等的巴西，到 2050 年，GMR 阶层在全国人口中所占的份额也将增加近一倍。在一些非洲国家，如加纳、尼日利亚和埃塞俄比亚，2009

---

① 它们包括阿根廷、巴西、中国、印度、印尼、墨西哥、俄罗斯、南非和土耳其。尽管沙特阿拉伯也是一个 G20 的发展中经济体，但它却不包含在这些计算以内，因为没有关于其收入分配的可用数据。

② 份额的定义为 G20 发展中国家 GMR 人口占所有 GMR 人口（也包括所有发达国家的 GMR 阶层）的比例。据推测，发达国家有超过 95% 的人口都属于 GMR 阶层。

年中产阶级在人口中所占比例不到 5%①，而到 2050 年，它们也将拥有 1 亿的 GMR 阶层。

发展中国家 GMR 阶层的崛起将对贸易产生深远影响。不仅许多产品和服务的主要消费市场将集中在发展中国家（尤其是更加规范的"精简"版本的产品与服务），还将出现产品设计和制造更接近发展中国家市场的趋势。而下一步自然将是在发展中国家建立全球公认的品牌，比如科罗娜啤酒或联想电脑现在就已经做到了。发达国家应在高度复杂的消费品和奢侈品领域保持竞争力，发展中国家对这些商品的需求将迅速增长。

## 2050 年的世界贸易

排除地缘政治或气候变化引发灾难的可能，并假定世界不会回到贸易保护主义，那么在未来 40 年里，发展中国家占世界贸易的份额可能会超过现在的两倍，到 2050 年将达到近 70%（见图 4.4）。此外，发展中国家对发达国家市场的依存度将减弱。新兴经济体将逐步主宰国际贸易，具体体现为经济的高增长率及中产阶级的兴起。

正如第三章关于 GDP 的预测所指出的，全球经济活动的重心正从发达国家转向新兴经济体。基于这些预测（这与目前的趋势一致），发展中国家在世界出口中所占的份额预计将从 2006 年的 30% 上升到 2050 年的 69%②，其中，中国的市场份额将增

①　等级最高的平均收入（假设为第 95 个百分位）是以低于 4000 美元为分界线，在这之上为 GMR 阶层。

②　为方便预测贸易流动，我们假设给定国家的进口增长率为 GDP 乘以一个弹性系数 1.3（这是保守的估计，因为从 1960 年至 1980 年，世界贸易 - 全球 GDP 的弹性系数为 1.7），而且出口国的出口与 GDP 同比增长。为简单起见，假定贸易赤字和盈余占 GDP 的比重保持不变，与基准时期的比率一致。

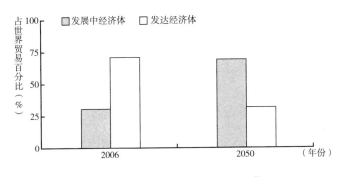

**图 4.4 从"三七开"到"七三开"**

资料来源：作者预测。

加两倍（增至 24%），印度则将上升五倍（增至 6.2%）。相反，工业国家所占的份额将下降，美国将从 9.5% 下降至 7%，而日本将从 5.4% 降至仅 2.4%。

发展中国家的进口量也将显著增加。基于保守弹性系数 1.3 的贸易/GDP 比，发展中国家在发达经济体向外出口总量中所占的份额将从 2006 年的 24% 增加到 2050 年的 58%。中国将成为欧盟出口商的第二大出口目的地（欧盟出口额的 49% 将在其区域内），而拉丁美洲将是美国最大的出口市场（占美国出口的 27%），其次是中国。以上预测都基于一个 GDP 增长的固定弹性，没有考虑部门需求变化的影响。但考虑到美国和欧盟出口吸引的主要是中产阶级，而这个群体在中国和其他发展中经济体巨头中将迅速扩大，所以这些数据可能还低估了崛起的发展中国家作为发达国家出口市场的重要性。发展中国家彼此之间也将成为更重要的出口市场。2006 年，南—南出口占到南方出口总额的 31% 左右，占世界出口总额的约 10%。到 2050 年，南—南出口在南方出口总额中所占的份额将增加一倍，在世界出口中的份额则将上升超过四倍。到 2050 年，中国将超过欧盟成为印度的主要出口市场，占印度出口总额的 22%，而东亚和太平洋地区以及中东和北非合计将占到印度出口总额的约 35%。到 2050 年，非洲的出口只有 27% 会去向美国和欧盟，而 2006 年，这一数值为 50% 以上。相反，非洲内部贸易将占到该地区出口总额的 25%，如果物流基础设施和贸易限制的问题得以解决的话，这个比例还可能进一步加大。这种南—南贸易量的增长可以减少发达经济体的经济增长放缓给发展中经济体带来的脆弱性，还能增加发展中国家之间了解技术如何更好地适应当地条件的机会。

发展中经济体的竞争力不断提升，它们似乎注定要跻身为世界最大的贸易国，而这势必会带来贸易保护主义的压力。各种"潜伏"的保护主义一直是一种诱惑和威胁，但在经济危机的时代，保护主义是最危险的。就像在大衰退和更具毁灭性的 20 世纪 30 年代的大萧条中一样，保护主义往往会急剧升级。要实现上一段中所讨论的预测，保持开放的国际市场和加强贸易管理规则显然是必要的。

## 更苛刻的国际背景下的多边进程

展望未来 40 年，很难想象 WTO 在迅速发展的国际背景下仍能产生及时成果，因为 WTO 总是依赖于共识和单一承诺原则，行动力低下，尽管（在它开始十年或更长时间后）已经达成了一个被严重稀释的多哈协定①。

危机之后，世界经济的以下四个特点将使当前设置下的 WTO 更难以取得成果。

---

① 单一承诺的原则要求几乎每一个项目的谈判都是一个不可分割的整体，且不能分别达成协定。

第一，发达国家不能再像以前那样引领这一进程了。国内经济增长缓慢、福利入不敷出与居高不下且不断上升的公共债务将会使美国、欧洲和日本比过去更加关注自我、更具防备性。希腊危机所暴露的欧洲内部的不平衡将加剧这一趋势。

第二，更大的多极化和贸易系统的多样性。中国、巴西和印度将在世界贸易体系中发挥更大的作用，它们将能更轻松地应对危机，经济分量不断上升。然而，这些国家将更倾向于优先解决内部巨大的贫困差距，而不是来领导烦人的全球自由贸易。即便发达国家想把接力棒交给发展中国家，它们也很可能不愿接这"烫手的山芋"。

第三，尽管发展中经济体的崛起带来了巨大的机遇和广阔的新市场，但发达国家越来越将它们视为具有传统比较优势领域中的强大商业对手，而不是需要援助的可怜弟兄。而这与多哈发展议程声明的动机直接相反。

第四，许多复杂的问题，如服务、投资、农业补贴以及发展中国家的制成品进口，事实上在很大程度上仍处于多边条例的约束力范围之外。尽管这些大部分已不是新问题，从技术上来说也是 WTO 的一部分，但要在一个高度区别对待和迅速变化发展的背景下施加有效的纪律，很可能更难。

发达国家经济增长缓慢、多极化、将新兴经济认作贸易竞争对手、复杂性增强等趋势可能还会持续很长一段时间。

## 世界贸易体系的未来

那么，未来 30 年里，贸易系统将如何演变呢？下面描述的是一个"一切照常"的情景。

- 贸易将持续快速增长，这主要缘于发展中国家生活水平的提高以及它们对现有技术的吸收。自主自由化仍将是各个领域贸易改革的主要动力，如欧盟的共同农业政策、印度和中国金融部门的自由化以及向穷国开放 FDI 等。

• 双边和区域协定也将继续扩张，相对成功的协定将寻求深化和扩大改革，涵盖服务、投资和政府采购等各领域。最大经济集团之间的选择性协定，如美国和欧盟之间的服务贸易和法规方面的协定，可能是区域化的下一步发展，这将进一步削弱多边进程。

• 高度专业化的多边协定日益增多，它们可能会在 WTO 框架之外谈判，涵盖更深入、广泛的金融监管、清洁能源和减缓气候变化等方面。多边协定也可用以解决 WTO 范围内尚未得到满足的具体需要，比如，给予最不发达国家免税和免配额准入，加紧努力实现千年发展目标等。

• 俄罗斯是 G20 成员中唯一未加入 WTO 的国家，但是 WTO 仍将是遗留协定（甚至可能还包括稀释后的多哈协定）的执行者。涉及区域和多边协定时，WTO 的执行力可能将逐步移交给国家法院和仲裁机构，但它可能仍然是一个讨论贸易问题的重要论坛，也仍将是分析全球贸易趋势的来源。不过随着贸易关系迅速演化，多边贸易自由化将变得非常边缘化。例如，G20 和 G8 的代表将抵制最后期限的设定，因为最后期限会让它们的领导人难堪，而且削弱了它们在开展更广泛议程上的信誉。

这种情景固然不是 WTO 的最优情景，但对世界贸易来说也不好吗？显然，这将意味着世界贸易面临着更大的复杂性，许多成员方将因此而失去进行更广泛物品交换和建立多边规则的机会。而且，一旦发生比大萧条影响更深、时间更长的经济危机，全球经济产生严重倒退的可能性就会更高。不过，自由化已通过其他渠道取得进展，而且从过去 20 年的经验来看，这种情景并不一定会给世界贸易或世界贸易体系带来灾难。

那么，能否改善这一结果呢？几乎可以肯定地说："是的!"但只有 WTO 成员在谈判中采取一个全然不同的业务模型才有可能。

# WTO 改革议程概述

WTO 完全由其众多成员方的政治和经济利益驱动，所以它缺乏一致同意的改革蓝图并不奇怪。但以下几个必要步骤将带动新一波的进展，而这将使 WTO 重返全球经济一体化的中心。最关键的是，WTO 必须打破在瞬息万变的海量贸易关系中与世隔绝的状态。WTO 原来只关注在共识基础上达成互惠的多边妥协，但现在它必须从这个旧模式中走出来（因为这种谈判成果实在太少），并设法在自由化实际发生的舞台上做出积极贡献。这需要解决以下四个问题。

首先，WTO 必须支持自主改革。经验表明，各国都倾向于进行自主改革，而且与谈判代表中流行的重商主义逻辑相反，因为贸易理论和实证都毫无疑义地指出：国家获利源于全球市场的开放。因此，WTO 必须借鉴世界银行和国际货币基金组织的经验，并与它们合作研究国家层级的贸易和配套改革方案。WTO应当充分利用其贸易政策审议机制，虽然它现在还仅仅是一个可用的诊断工具，但它有潜力为贸易改革提供进一步对话的基础。

其次，WTO 应减少其对协商一致规则的依赖，去推进大多数关键成员之间的协定。这种"多边"协定的目的是要建立新的规则，或是实现重要行业新的市场准入。多边协定所涵盖的行业包括政府采购、电信和金融服务业等。

这些协定可能会被其他国家（尤其是最小和最穷的国家）

挑战，因为它们可能感觉被歧视，或者想要争取更广泛的议程。然而，假如因此而出现一些空洞无效的全球贸易协定，那情况一定会更糟。此外，小国和穷国可能会发现某些多边协定可以保障它们的基本利益。所以，不要禁止多边协定，它将是反映小国穷国利益并兼顾大国富国利益的一类协定。

这类多边协定的结构可以变得更灵活，这样能尽量减少对非成员的不良影响，并避免不断扩张的成员方专用某些条款，如对最贫穷国家的最惠国待遇等。这些协定将从属于 WTO 的争端解决机制，因而协定的签署方可以从其他签署方中得到应有的补偿，而且如果签署方不履行那些利于非成员方的正当程序的话，非成员方也可以提出异议，比如说，提出加入协定。

再次，除了推进自主和多边改革，WTO 还应利用区域协定背后的能量。研究表明，有许多区域协定设计、实施不当，甚至有些只是一纸空谈。但在消除壁垒、提高准入的确定性和开创贸易方面，一些协定已经非常成功，诸如欧盟、北美和中美洲自由贸易协定，甚至一些南—南合作协定，如泛阿拉伯自由贸易区、海湾合作委员会以及非洲南部海关联盟。区域协定可以更轻松地处理贸易背后的重重障碍，而且为试验和推进具有更广泛适用性的规则提供了肥沃的土壤。

WTO 必须不再将区域贸易协定视为一种威胁，而要开始把它们当做推进贸易的契机。大量研究表明，强化福利的区域协定可以最大限度地减少歧视，它们包括低关税和原产地简化规则，并覆盖所有形式的贸易[1]。WTO 必须推进和鼓励其成员之间建立这种精心设计、强化福利的区域和双边协定，而不是表示冷淡和不悦。WTO 还应推进减少外部关税，敦促 RTAs 吸纳较小较穷成

---

[1] 纽法默，2006 年。

员，否则这些成员可能会遭到排斥。建立管理区域协定的有效规则应成为 WTO 的长期目标，但建设性地参与区域进程是实现这一目标的先决条件。

最后，WTO 必须促使进程沿着单边、多边和区域渠道最终达到"多边化"，并转化成一套可执行的规则。多年来，开放贸易的巨大进步一直建立在自主和区域进程的基础上，而在巩固这些协定成果并用多边方式对其进行补充方面，WTO 可以做出重大贡献。

最近的经验表明，开创大的综合性贸易回合不失为一个好办法，现实地看，多边原则（如最优惠国地位和非歧视原则）只是理想。WTO 协定（尤其是目前的多哈草案）充斥了各种例外对待、特殊待遇和不互惠现象。因此，真正切实可行的方案不是介乎不完全协定和那种平等对待所有国家的全面协定之间，而是介乎由一部分成员谈判达成的不完全协定与所有成员都同意的全面协定之间。

至少可以依靠以下三种非排他性的方法来达到多边化。

第一，在可能的情况下，通过扩展多边协定的成员方来鼓励"灵活几何"协定成为更广泛的协定。比如说，中美两国已同意努力让中国加入 WTO 的政府采购协定①。

第二，寻求具体的机会来巩固那些已经或者只需稍作努力就可囊括全体成员的自由化协定。在将关税削减到3%以下、禁止农业出口补贴、采用统一的原产地规则（或至少有一个自主）章程、向最不发达国家提供免税免配额准入等事项上，WTO 成

---

① 关于政府采购的 WTO 协定是一项多边协定，其目的是开放国家的非军事政府采购市场，让其参与国际竞争。它命令采购相关的规则是透明的，而且采购实体不得歧视外国供应商。

员可能除了其中的一两项，其余都会同意。为解决利益分歧，这些步骤可以有两项或以上同步推进，不必强制立即就所有事项进行全面谈判。

第三，促进一个或一群成员捆绑具体部门的实际关税水平或服务流程，这既可以进行自我约束，也可以吸引其他成员来照样做。例如，试想一下，一个包括美国、欧盟、日本、中国、印度和巴西的 G6 群体，它们占世界贸易的份额超过 80%。如果它们同意一个步骤，就可以采用常规方法来促使其他国家照样做，如提供一个包括最贫穷国家优惠条件在内的加入程序。

这个改革议程大纲触及了 WTO 核心使命的改革。更全面的 WTO 改革对策还应包括对该机构已涉足领域的改善，如争端解决机制（让它更快、成本更低，并减少对贸易制裁的依赖）和加入机制（让谈判更加透明，并实现成员承诺和收益之间的更好平衡）。这需要一个更加独立且具有切实理念导向的秘书处。

## 结　　论

本章对于贸易的预测展示出重大机遇——从比较优势的转移到世界贸易的大扩张再到更深层次的整合。但是，要实现其中任何一项的全部潜力，国家和国际层面的政策都必须进行改革。

制造业比较优势的转变程度和发展中国家成为彼此市场的程度，很大程度上取决于发展中国家的改革。这些改革在最贫穷国家中显得尤为重要。为了增加出口，这些国家的商业环境质量和可预测性都必须得以改进。这种改进对包括初级商品部门在内的所有部门都很重要，而对刺激向制造业的投资而言则是绝对必要的，因为制造业领域不是单靠丰富或独特的资源禀赋就能发展的。

如果能逐步完善配套措施，减少仍在发展中国家许多部门盛行的高进口保护，就可以促使企业参与国际竞争，让进口准入变得容易，同时也可以提高效率。降低贸易成本、减少海关和后勤障碍也将有类似效果。通过区域协定和机构（可以提供信息共享、推进共同法规、支持跨境项目）来锻造新的南—南贸易和金融往来，也将强化南—南贸易正在扩大的互补性。

发展中国家在制造业的成功将迫使富国加快产业创新和独特化的步伐，同时也要求它们营造更灵活和更具可预见性的商业环境。在专业技能和科学技术领域的私人投资可能会增加，政府也可以通过各种途径来支持这一趋势①。作为这一进程的一部分，发达国家也有需要完成的贸易改革，包括开放从专业服务到海运、空运等领域的服务市场，消除铺张而扭曲的农业补贴制度，等等。

预测表明，在未来40年内，可能会出现世界贸易的大扩张、效率的显著提升和大量的创新，并最终实现人类福利。在全球化的所有活动中，贸易具备最先进的国际合作。但正如多哈进程举步维艰所表明的，一个适用于新的世界经济的开放且以规则为基础的系统仍有待探索。在贸易规则和自由化协定中充分考虑发展中国家的不同利益是至关重要的，但不能允许 WTO 的共识要求被无限制地稀释。WTO 需要进行意义深远的改革来使多边贸易谈判更加灵活，借以提高特定领域的个别成员、地区团体或"俱乐部"的兴趣。必须加强纪律，以确保万一遭遇另一场危机，世界贸易的进展不被妨碍甚或扭转。

---

① 世界银行，2008 年。

# 参考文献

1. 阿德勒、马修和加里·赫夫鲍尔：《自由化政策和美国商品贸易的增长 1980~2006》，工作论文，彼得森国际经济研究所，华盛顿特区，2009 年。

2. 安德森、琴和威尔·马丁：《农业、贸易和多哈议程》，华盛顿特区：世界银行，2006 年。

3. 拜尔、斯科特和杰弗雷·博格斯崔德：《世界贸易的增长：关税运输成本和收入相似性》，《国际经济学杂志》，52（2001）：1 - 27。

4. 布雷默、伊恩：《自由市场的终结：谁赢得了国家和企业之间的战争》，2010 年。

5. 克拉夫特、尼古拉斯·F. R：《工业革命时期的英国经济增长》，克雷登出版社，1985 年。

6. 戴维斯、拉尔夫：《英国对外贸易 1700~1774》，《经济史回顾》，15（1962）：285 - 303。

7. 伊文雷特、西蒙·J：《没有回头路可走：锁定 WTO 二十年的改革》，《为阻止保护主义传播，世界各国领导人必须做什么》，理查德·鲍德温和西蒙·伊文雷特编著，经济政策研究中心，2008 年。

8. 芬德利、罗纳德·E 和凯文·H. 奥罗克：《商品市场一体化1500~2000》，CEPR 讨论稿 3125，经济政策研究中心，2001 年，http：//ssrn. com/abstract = 298023。

9. 考夫曼、罗伯特、王志和魏尚进：《中国出口有多少是真在中国制作？评估加工贸易很普遍时的国内增值》，国家经济研究局工作论文 14109，全国经济研究局，2008 年。

10. 马丁、威尔：《测量扭曲的福利变化》，《贸易政策分析的方法》，约瑟夫·弗朗索瓦和肯尼思·赖纳特编著，剑桥大学出版社，1997 年。

11. 马丁、威尔和弗兰西斯·恩格：《关税减少的原因》，《全球经济展望：贸易区域主义和发展》的背景论文，华盛顿特区：世界银行，2005 年。

12. 米罗德、塞巴斯蒂安、莱纳·兰兹和亚历山德罗·拉格西斯：《中间产品和服务贸易》，经合组织贸易政策工作论文 93，经济合作与发展组织，2009 年。

13. 纽法默、理查德：《区域贸易协定：发展设计》，《贸易，多哈和发展》，理查德·纽法默编著，华盛顿特区：世界银行，2006年。

14. OECD（经济合作与发展组织）：《经合组织国家的农业政策：监测和评价 2005 亮点》，巴黎，2005 年，www. oecd. org/dataoecd/33/27/35016763. pdf。

——《占领价值链：保住全球经济中的竞争力》，《全球价值链的综合报告》，巴黎，2007 年，www. oecd. org/dataoecd/24/35/38558080. pdf。

——《中国对外直接投资》，经合组织投资新闻，2008 年 3 月，www. oecd. org/dataoecd/28/10/40283257. pdf。

15. 莱因哈特、卡门·M 和肯尼斯·S. 罗戈：《2007 年的美国次贷危机如此不同吗？一个国际历史比较》，《美国经济评论》，98（2008）：339 – 44。

16. 斯汀思佳得、尼尔斯：《1750 年前洲际贸易中的商品，贵金属和服务业》，《欧洲发现世界及其对前工业社会的经济影响》，H. 波尔、斯图加特编著，弗朗茨·施泰纳出版社，1995 年。

17. UNCTAD（联合国贸易与发展会议）：《世界投资前景调查 2007 ~ 2009》，日内瓦，2007 年。

18. 世界银行：《全球经济展望 2005：贸易、区域主义和发展》，华盛顿特区，2005 年，http：//siteresources. worldbank. org/INTGEP2005/ Resources/gep2005. pdf。

19. 世界银行：《全球经济展望 2007：把握全球化的下一次浪潮》，华盛顿特区，2006 年。

20. 世界银行：《全球经济展望 2008：技术在发展中世界的传播》，华盛顿特区，2008 年。

21. 世界银行：《全球发展金融 2009：制定全球复苏》，华盛顿特区，2009 年，http：//siteresources. worldbank. org/INTGDF2009/Resources/gdf_ combined_ web. pdf。

# 第五章
# 金融：给马上缰

　　紧随发展和贸易而来的是资本流动的压力。金融一体化进程不能无限期被搁置。然而，金融带来的危机成本巨大，对机制薄弱的发展中国家而言尤其如此。因此，对资本流动的开放，必须进行谨慎小心地管理，以确保有效控制风险。

　　发展中国家在贸易和金融领域的份额正在增大，为提高效率和规避监管套利，参与国际金融监管将必不可少。随着发展中国家开始主宰全球经济，它们将带来一个巨大的系统性风险。是否支持发展中国家改进金融监管关乎发达国家的切身利益。

　　发展中国家在全球金融市场中正扮演着越来越重要的角色，这将给其自身发展和全球经济都带来重大影响。发展中国家的居民和企业开始寻求其资产的多样化，并开始开发全球流动性市场。收入的增长、贸易量的增加和频繁的国际交流将不可避免地推进国际金融一体化并给这些国家带来很多好处。

　　但同时，国际金融一体化也可能给各国带来重大风险，并加速推进"繁荣—萧条"周期。经济大衰退已经显示了金融投机的巨大风险性，即便最先进的金融系统，如具有强大的规范和制定政策能力的美国和英国，也难逃此劫。而在机制薄弱、监管能力低下、经济多元化程度较低且更不稳定，以及信誉低、国际资本市场准入可能突然停止的地方，风险将更大。这就是发展中国家对待资本的自由流动需要特别谨慎的原因，尤其是在对待外债和普通股投资组合的时候，它们往往更加不稳定且比外国直接投资（FDI）更加受经济周期影响。总之，金融一体化带来了许多好处，并且是大势所趋，但为了避免风险，必须好好治理。

随着发展中国家外国直接投资、银行贷款和投资组合的增加，加强金融一体化的管理架构将更为重要。发展中国家在全球资产组合投资中分量的提升将有助于发达国家居民从他们的国外投资中获得较高回报和增加多样性。但机制薄弱的穷国的崛起将增加系统性风险。假如现在的中国和巴西发生金融危机，就将带来重大的全球性影响。而当这些国家的金融规模增长到比现在所有的国际金融中心都要大时，风险也将变得更大。

因此，发展中国家在经济一体化的世界中崛起有两个重要的政策暗示。第一，由于机制薄弱是危机的主要来源，支持发展中国家金融部门的机制和规则改进关乎发达国家的利益。第二，发展中国家的快速一体化，使制定限制风险的国际协定更为紧迫，这些国际协定应当包含资本要求、商业银行贸易业务范围限制、透明度要求以及对衍生贸易规则的管理。发展中国家的崛起也增加了对紧急情况下最后借款人的需要。应当尽快将发展中国家纳入规则设置，方可让相关的国际协定奏效。

## 金融同时促进经济增长和危机

金融机构的增长可以增加储蓄容量、提高投资效率。更多的银行准入可以增加储蓄回报、降低持有财富的风险、促进投资多样化，并通过提供众多的金融服务来改善福利。银行可以传播信息和充分利用具有专业知识的投资者，通过这些可以将储蓄转化为高回报。尽管银行体系的增长规模与国家的发展水平并不一定是完全的因果关系，但 2008 年，低收入国家的银行存款相当于 GDP 的 26%，而高收入国家的这一比值则为 103%（见图 5. 1）。

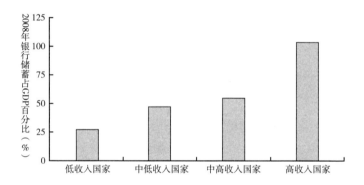

**图 5.1    银行系统的成长与经济发展齐头并进**

资料来源：IMF 国际金融统计数据库。

尽管如此，金融机构信用危机所产生的系统性风险始终与资本主义共存，而且高度的杠杆机制往往将经济衰退的损失和影响放大。因此，为防止金融机构承担过多的风险，监管十分重要；为支持和管理破产机构，也很需要紧急情况下的借款人，这样才可以最大限度地减少危机的辐射面①。

———————————

① 在 1972 年的恐慌中，纽约的证券价格下降了 25%，这就是一个很好的例子。此次事件由纽约银行在美国财政部救援前濒临倒闭引起（考恩等，2006 年）。

## 自资本主义兴起以来，金融发展一直同时带来经济增长和危机

银行业可以追溯到古埃及和古巴比伦①，这么多世纪以来，工业发展和贸易增长已与金融创新紧密相连。戈尔德斯密斯发现银行可以通过发行比它们的实际黄金储备价值更大的票据来获利，这一发现导致了经济活动的扩张，其中最有名的已发展成了世界知名银行公司（如柯思林和夏普，后来成为巴克莱银行的一部分）②。在中世纪，信用制度取代稀缺货币制度支持了欧洲和中东的贸易，避免了昂贵且不安全的货币长途运输成本，也促进了风险分担③。（与现在一样）银行家是特别重要的中间人，他们比贸易商更便于执行用商品票据进行未来支付的承诺④。但是同样，古代的金融扩张也可能是危险的。17世纪30年代荷兰的郁金香潮即是由卖方提供信贷推动的，当时罕见的郁金香球茎价格达到了天文数字，但旋即崩溃⑤。金融危机在18世纪的英格兰经常发生⑥，而法国的金融危机则要归因于约翰·劳的密西西比公司（见专题5.1）。

金融业的发展还推动了工业革命的加速和19世纪技术的迅速扩张。银行贷款和股票、债券的发行为重大基础设施投资积累了必要的大量资金。但某些投资的失败促使了银行恐慌的发生，

① 见《银行业简史》，http：//people. brandeis. edu/～cecchett/Textbook% 20inserts/A% 20Brief% 20History% 20of% 20Banking. html。
② 见《英国清算银行的历史》，www. banking－history. co. uk/ history. html。
③ 优德维奇，1975年。
④ 麦克安德鲁斯和罗伯茨，1999年。
⑤ 金德尔伯格和阿里波，2005年。
⑥ 何丕特，1986年。

并产生了影响整个世纪的严重的经济衰退①。19 世纪 20 年代早期，英国出售股票（拉美出售金银矿和政府债券）来为燃气照明、运河和铁路融资，受英国银行宽松货币政策支持的经济活动迅速扩大。欣欣鼓舞的心情激励着股票价格（包括虚构的国家发行的债券）和高风险贷款一路飙升，但所有这一切都随着 1825 年的股市崩盘而终结，随之而来的是银行倒闭和全球性的经济衰退②。

金融业的快速增长往往发生在大萧条之前。20 世纪 20 年代经济活动的迅速扩大伴随着全球主要经济体金融业规模的急剧膨胀（由银行存款/GDP 来衡量）。这一指标在 1929 年达到顶峰（即便截至 20 世纪末，这一水平仍然高不可及），继而在 20 世纪 30 年代暴跌③。尽管产生大萧条的原因仍存在争议，但有一点是毋庸置疑的：美国的银行倒闭拖延了生产和就业的复苏④。关于政府对现代金融体系进行有效管理的重要性的认识，大萧条是一个惨痛但有意义的教训。

### 专题5.1　密西西比公司和法国的金融崩溃⑤

1716 年，约翰·劳采用现在熟知的金融创新建立了一个有实收资本的银行。该银行可发行票据，主要是以法国政府贷款的形式。最初的结果是稳定了政府财政，提高了市场价格，这有助于商业的复兴。糟糕的是，劳继续发放政府贷款。他宣称要用路易斯安那州开采的黄金来增加银行的储备，以支持这些贷款。为达此目的，他在持有采矿权的密西西比公司发行股票。人们最终却

---

① 金德尔伯格和阿里波，2005 年。
② 波尔多，1998 年。
③ 拉金和金格勒斯，2001 年。
④ 伯南克，1983 年。
⑤ 加尔布雷思，1975 年。

发现股票销售所得款项仍被用于政府贷款而非开采活动，作为信用崩塌的导火索，这导致了银行的倒闭和商业活动的急剧减少。

## 大萧条之后对金融投机的控制已逐步放松

大萧条后构建的监管和监督网络，较好地控制了金融业对现实经济造成的冲击，这体现出民主社会对规则的适应能力。保罗·克鲁格曼在最近的文章中提出，银行业已经成为了无趣的行业[1]。尽管金融业的利润有所抑制，融资机会对经济增长的助益也不再明显，但是全球经济更稳定了：在金融创新和违规放松管制以前，银行业的危机是很少的。银行危机统计结果显示，1945~1960年有1次危机，20世纪60年代有1次，20世纪70年代有7次，20世纪80年代有25次[2]。

后来，有几股力量相互结合，想要解除大萧条后建立的金融控制网络，释放资金的力量。离岸中心的发展相对缩小了监督的范围，降低了受国内管制的银行的利润，激发了对放宽限制的呼声。全球的金融机构都开始寻找经营监管较轻的司法管辖区，这就削弱了各个政府施加控制的能力。例如，由于其他司法管辖区允许单个企业同时提供商业银行、投资银行和保险服务，美国的"格拉斯—斯蒂格尔法"不断被稀释直至最终失效[3]。

我们把20世纪90年代通货膨胀下降、（很大程度上）经济持续增长的时期称为"大适度"时期，然而这一时期有一个副产品，即对政府调控压力的削弱。富裕国家没有严重危机，这就

---

① 见 www.nytimes.com/krugman 的几篇文章。
② 雷恩哈特和罗戈，2009年。
③ 阿查里雅和其他人，2009年。

降低了风险溢价，从而鼓励投资者为保持收益而增加风险。长期的经济稳定减少了对许多传统金融活动限制的必要性的认识，而投保人在一定程度上也可能并不可靠。风险承担能力上升也从某种程度上刺激了冒险行为（大型机构的投资者指望获取破产时的公共救助），例如国家可能动用外国储蓄救助处于困境的公司，这些都进一步推动了全球性的过度投资①。

金融创新极大地增加了金融贸易的复杂性。政府主管（以及银行董事会董事和投资者）对风险等级的监管难度增加，因而越来越多地依赖私营部门的监管（如将私人公司的评级纳入监管标准，依托银行资产组合质量的自我评估等）。金融机构如果不接受存款，监督就不会那么严格，这类机构在金融贸易中所占的份额越来越大，如投资银行和对冲基金。

不幸的是，20世纪90年代末发展中国家的金融危机被G7视为政策失误及未能采取英美金融标准所致，而并不将其视为在创新加速和监管削弱的时代里金融不稳定性增加的迹象。因此，这些危机对于限制将私营部门风险评估作为监管基础没有丝毫影响②。尽管危机会偶尔提个醒，但是对于如脱缰野马般的金融业所潜在的破坏性影响，大家的记忆已经模糊。对金融部门活动的限制越来越少，这导致金融业利润暴涨，金融部门在经济活动中的份额迅速增长。

大衰退已经暴露出一个重要问题，依靠私营部门来确保金融稳定可能要付出巨大代价：失业率上升、贫困程度加剧，还会为支持经济活动带来更大的政府债务。主要监管当局一直强调银行和非银行金融机构需要更多的公众监督。有人希望最近的危机能

① 艾泽曼，2009年。
② 赫雷诺，2009年。

促成对金融投机更严格的管制，并减少投资者对保险业以超高风险换取高利润的胃口，但这仅仅是希望，而不是保证①。提高资本要求，提高金融市场的透明度以及努力确保对构成系统性风险的大型机构进行有效调控，应当是富国改革的首要任务。

但是，在重视金融风险的同时，请记住，对金融业的严重制约也可能是具有破坏性的。对金融部门进行严厉施压所带来的惨不忍睹的经济表现即是金融业重要性的一个证明。例如，20世纪60年代至70年代，许多非洲和拉丁美洲国家对利率实行严格控制，但严重降低了金融部门的赢利、规模和效率②，并伴随着严重的通货膨胀。

# 发展中国家正在融入全球金融市场

与金融业的发展类似，全球金融市场的整合往往与经济发展携手并进。近年来，发展中国家对资本流入和流出的政策已变得十分开放，贸易数量显著增加。

## 发展中国家对国外资产流动正在逐步开放

自1990年以来，各国对外金融贸易开放度（例如资本流入、国外资金转移）方面各项指标的总指数已大幅上升③④，但在20世纪90年代末发展中国家的危机以后，这种上升趋势便开始放缓了，因为决策者们开始更加关注那些不受限制的国外资产贸易

---

① 世界银行，2010年。
② 见鲁比尼和萨拉·伊·马丁，1992年。
③ 钦和伊藤，2007年。
④ 影响国外金融贸易的法规无数，这些法规的效率也不确定，因此，很难确定开放程度。另外的观点倾向于认为20世纪90年代初以来，发展中国家对国外金融的政策更加开放了（奥博斯·菲尔德，2009年）。

带来的潜在风险。时至今日，发展中国家的金融开放度仍远远低于高收入国家（见图 5.2）。

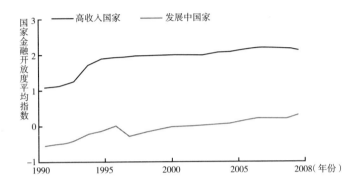

**图 5.2　发展中国家的金融开放度要小得多**

注：线条分别代表 1990～2008 年完整数据归类后的国家收入平均水平。
资料来源：钦和伊藤，2008 年。

　　在 20 世纪 90 年代末的金融危机和 2000～2001 年全球经济增长放缓之后，发展中国家的国外资产流入在全球金融繁荣中大幅上涨（见图 5.3）。发展中国家的外国直接投资流入占其 GDP

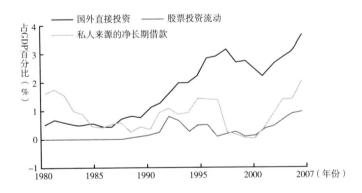

**图 5.3　发展中国家的资金流入——大衰退前的上升**

资料来源：世界银行数据。

的比重从 2003 年的 2.2% 上升到 2008 年的 3.7%，同时，私人来源的净长期贷款占 GDP 的份额也增长了 1.6 个百分点，股票投资增长了 0.5 个百分点。外国资本流入的扩大有助于国内金融的快速发展（见图 5.4），从 20 世纪 90 年代初以后（直到金融危机爆发之前），发展中国家银行体系的信贷和股票市值相对于 GDP 而言增长了很多。

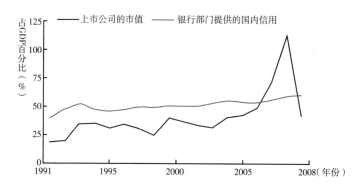

图 5.4　发展中国家的金融发展在上市公司的市值上
体现得十分明显

资料来源：世界银行数据。

## 发展中国家正在积累外国资本

发展中国家对全球金融体系最引人注目的影响是其官方储备资本的增加（见图 5.5），从 1990 年占全球储量的 16% 增长至 2009 年的 57%。在发展中国家储备所占份额上升的约 40 个百分点中，中国占了一半多，其余的大部分归功于其他东亚国家及欧洲和中亚地区的石油出口国。拉丁美洲、撒哈拉以南非洲、南亚以及中东和北非也都有较为温和的升幅。发展中国家的外汇储备相对于出口和 GDP 普遍上升（见图 5.6），这也部分源于美国和其他几个工业经济体的消费能力已超出了它们目前的收入。

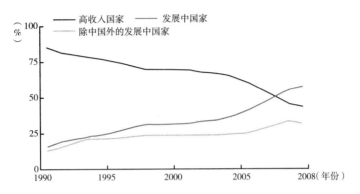

**图 5.5　发展中国家外汇储备超过高收入国家的份额**

资料来源：IMF 数据。

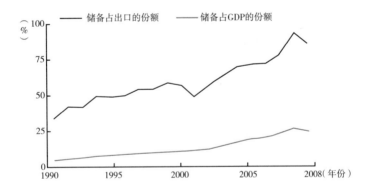

**图 5.6　发展中国家的外汇储备在出口和 GDP 中
所占的份额都上升了**

资料来源：IMF 数据。

美国有超过 3.3 万亿美元的国债由外国持有（中国和日本持有 44%），这可能会限制美国的国内政策，因为一旦这些证券被抛售，可能会对美元和美国利率产生压力①。但美国国债的外国持有者动摇美元或美国经济的能力是有限的。2010 年第一季度，美国家庭和非营利组织的金融资产存量相当于 42.5 万亿美元，资本净值（仅包括金融资产和负债）为 23 万亿美元。因此，只要美国居民（更不用提其他外国人）对美国的政策有信心，购买美国国债的潜在资金供应将是巨大的。

尽管美国国债需求可能具有弹性，但是对美国国债的战略性抛售也会显著影响美国的利率。收益的少量增加将吸引大量的需求，却限制了利率的上升。但这并不意味美元的前程不可预知。不可持续的政策和外国持有者抛售国债的举措，可能促使国内外美元持有者转向其他货币。但最可能促使美元大幅贬值的是财政状况难以实现可持续发展这个原因，而不是外国的战略举措。

发展中国家也有理由避免它们的美元储备遭到大量抛售。发展中国家的资本储备约有 60% 都以美元计价，因此美元的大幅贬值（比如外汇储备转向其他货币）可能意味着巨大的损失②。一份关于亚洲经济体美元外汇储备的估计暗示：如果美元贬值 20%，这些经济体的财富减少量将相当于其 GDP 的 10%③。尽管美国政策的可持续性被严重质疑，但大多数的替代品仍有严重缺陷，这将减轻美元作为储备货币面临贬值的压力，至少在短期内如此（见专题 5.2）。

近年来，发展中国家私营部门的国外资产也有大幅增长。这方面的数据很难获得。许多国家缺乏统计能力，甚至力图避免数

---

① 国债外国持有人的数据，可以在 www.ustreas.gov/tic/mfh.txt 中找到。
② 数据来自 IMF COFER 数据库。估计具有相当大的不确定性，因为约 60% 的发展中国家的储备货币构成无据可查。我们假定作为储备数据的货币构成相同。
③ 世界银行，2010 年。

据曝光（要么为了控制资本外流余额，要么为了非法所得逃避税收申报），故而在平衡国际收支统计中记录资本流出的少报漏报现象早已臭名昭著。2006 年，来自发展中国家的"非法金融流动"规模可能已超过 1 万亿美元①。

### 专题5.2　美元作为储备货币的终结?

尽管在过去 20 年里，新兴市场的贸易和生产激增，但美元仍然是世界上占主导地位的储备货币。虽然美国在世界 GDP 和贸易中所占的份额一直在下降，但以美元计价的国际储备的份额却由 1995 年的 59%上升到了 2000 年的 71%，尽管 2008 年这一份额曾下降到 64%。美元储备在世界贸易中所占的份额上升了，因此，世界经济仍旧十分依赖美元。

从美国企业和居民的角度来看，美元作为储备货币为其提供了铸币税收入，降低了交易成本，而且将汇率风险转移给了债权人和国外的贸易伙伴②。但也有缺点：美元走强有助于美国消费者，但使得生产企业竞争力较弱，而且降低了美联储利用货币政策来控制国内经济活动的能力。

第三章预言美国在全球经济中的重要性将有持续性的显著下降：到 2050 年，美国占 G20 的 GDP 份额预计将（从 2009 年的 34%）下降到 24%，而在国际贸易中所占的份额将（从 2006 年的 12.8%）下降到 9.2%。这一进程将不可避免地加大寻找可替代货币的压力，但哪种货币将获得替代美元的份额呢?

---

① 卡尔和卡特赖特·史密斯，2008 年。
② 有些补偿成本不包含在此计算中，如控制假币和美元维护的费用（戈德堡，2010 年）。

欧元在国际储备中占到第二大的份额，但在 20 世纪 80 年代和 20 世纪 90 年代早期，其份额仍然低于经济和货币联盟成员国的货币①。即便是在欧洲债务危机前，欧元作为储备货币的潜力仍然备受质疑，因为欧洲金融市场并不像美国那样根深蒂固（与美国国债的市场规模和流动性都不具有可比性）②。

经济增长放缓和债务水平提高，使得日元不大可能成为国际货币。

仅有约 1% 的国际储备为 SDRs（特别提款权）③，而且它们不由私营部门持有，这损害了其在货币市场中作为一种干预手段的效用④。关于特别提款权的发行规模和将现有美元储备转换为特别提款权的条款谈判可能也会相当困难。

人民币的重要性将继续提高。然而，中国不发达的金融市场，资本账户交易不具备完全可兑换性，外汇交易的限制，抑或更根本的、潜在的不稳定性和薄弱的机制都将限制人民币成为国际储备主要币种的可能性⑤。

因此，美元在相当长的时期内仍将是重要的储备货币。

发展中国家私人资本外流规模的粗略统计，反映出它们的账

---

① 加拉提和沃尔德布里奇，2009 年。
② 科恩（2008 年）认为，欧元作为储备资本的吸引力比美元要低的原因是它的价值取决于国家之间的政治协议，而不是一个可以独自采取政策决定的职能机构。
③ 卡鲍夫和赫德里克，2009 年。
④ 持有美元资本的国家都在致力于将它们提供给金融主管当局来换取特别提款权回报，所以先持有特别提款权，然后出于干预目的将其转换成美元是一个可行的策略（威廉森，2009 年）。然而，扩大特别提款权的使用可能需要进一步的国际协议。
⑤ 例如，见鲍尔斯和王，2008 年。

户赤字和净资本流入与储备变化总和之间的差异①②。这个"平衡项目"的资金流出规模从 2003 年的 910 亿美元上升至 2008 年的 6580 亿美元。在此评估中，发展中国家私营部门的国外资产控股在此期间累计涨幅达 2.3 万亿美元。另一份评估称发展中国家（包括官方储备和主权财富基金控股）对外总资产占全球 GDP 的 15%③，2008 年这一规模预计为 61 万亿美元。

2003～2008 年，发展中国家在全球 FDI 流动中所占的份额增长了两倍多，发展中国家和高收入国家之间的全球生产环节联系更为紧密（见第四章）。发展中国家在股票市值中所占的份额也急剧上升，而它们在国际银行资产中所占的份额（根据国际清算银行的银行资产计算报告）却相当稳定（见图 5.7）。事实上，发展中国家在国际银行业中已不再像 20 世纪 80 年代初那么重要了，那时发展中国家在国际清算银行报告的银行资产中所占的份额超过 25%。同样，发展中国家的储备和股票市值在其 GDP 中所占的比重仍在上升，而国际清算银行报告的银行贷款额度却已经下降。发展中国家在衍生品市场的参与度有所增长，但仍然很小。新兴市场报告的柜台衍生品贸易，平均每天的营业额从 2001 年的 1620 亿美元上升至 2007 年的 5210 亿美元，或者说从占全球营业额的 8.7% 上升至 10.1%④。

---

① 世界银行，2009 年。

② 这是一个粗略的指标，因为它包括平衡国际收支和资本转移中的错误和遗漏项。

③ 阿贝罗拉和塞雷纳，2008 年。

④ 数据来自国际清算银行三年期央行调查。新兴市场包括发展中国家（由世界银行定义），再加上一些中欧、中东以及亚洲最近取得高收入的国家。这些贸易大部分发生在中国香港和新加坡，除去这些国家，新兴市场的日均柜台营业额从 2001 年的 370 亿美元上升至 2007 年的 1510 亿美元。

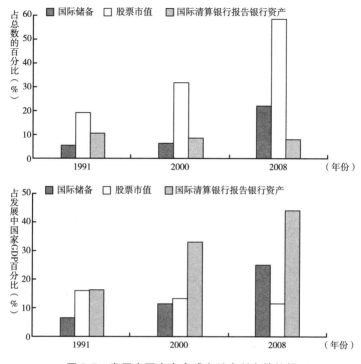

图 5.7  发展中国家在全球金融中所占的份额

资料来源：世界银行数据，IMF 数据，国际清算银行数据。

## 全球经常账户的不平衡正在加剧

全球金融一体化的发展，促进了经常账户失衡不断增长，其占全球 GDP 的比例从 1983 年的 1.8% 增长到 2008 年的 4.2% （见图 5.8），因为投资者和储户发现国外的回报更大。大量证据证明：在投资组合分配时存在"主场偏见"（投资者持有本国证券的份额往往要比其持有全球其他市场的证券要多），这是出于资本控制、贸易成本、可用信息和风险规避的考虑。例如，几十年前的一个评估发现，美国股民的投资组合分配中，超过 90% 是国内股票，尽管当时美国股票市场占全球市场的份额不足一半①。但随着时间的推移，金融一体化程度在提高，这种偏见似乎一直在减少。20 世纪 90 年代初，有 25 个国家的股票主场偏见急剧下降，其中欧洲货币联盟最为显著②。

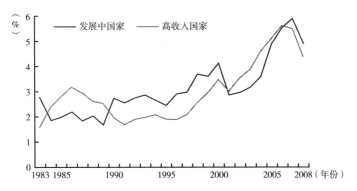

**图 5.8　目前全球经常账户失衡高达全球 GDP 的 4.2％**

资料来源：世界银行数据；作者预测。

在此评估中，发展中国家参与了金融一体化的蓬勃发展。发展中国家经常账户失衡总额占 GDP 的比例从 1983 年的 2.8％ 上升到 2008 年的 4.9％。2001 年以后，发展中国家的失衡加速与中国及其他发展中国家的盈余增加几乎相当。在大衰退之前的繁荣期，发展中国家在全球经济失衡中所占的份额增加了一倍以上，从 2002 年的 22％ 上升至 2008 年的 44％。

即使在最大的新兴市场，发展中国家经常账户盈余的上升也尚未带来其在全球国外资产中所占份额的上升。1981 年，G20 的发展中国家成员（不包括俄罗斯）占 G20 国外资产总额的约

① 法兰奇和柏德巴，1991 年。
② 贝拉和其他人，2007 年。

10%，这一比例在 20 世纪 90 年代中期下降到 6% 左右（包括俄罗斯），到 2007 年又上升到 9%。

然而有理由相信这一比例在未来会大幅提高。第一，大衰退后，发达国家金融部门的增长很可能会受到抑制，尤其是与此前十年的经济繁荣时期相比。第二，自 1981 年以来（这一年才第一次出现可用数据），在 G20 国家中，中国的国外资产增长最快（年均增长率为 16%）。在 G20 的发展中国家成员中，中国拥有最大的国外资产储量，因而其持续、快速的增长速度将带动总增长率的提升。第三，也是最重要的，规模更大、增长更快的发展中国家已经经历了金融自由化的缓慢进程，加上其生产和贸易的快速增长，对其国外资产的增长起到了推动作用。因此，除非有重大事故，发展中国家金融资产上升这一进程应当会持续下去，甚至可能在未来几年里加快。

未来几十年里，如果每个国家的国外资产与 GDP 的增长速度相等的话（据第三章预测），到 2050 年，发展中国家在 G20 国外资产总额中所占的份额将达到 30%（见图 5.9）。而收入增

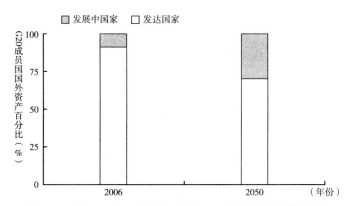

图 5.9　到 2050 年，发展中国家在 G20 国外资产中所占的
份额将达到 30%

资料来源：IMF 数据。

加和对国外金融贸易限制的逐步放松可能会使中国和印度的增长速度远远超过这种机械的预测。总之，尽管发展中国家在可预期的时间内还不可能完全战胜富裕国家，但它们在未来的国际金融市场将扮演更重要的角色。

## 金融一体化对发展中国家的好处有限

向国外开放资本可以促进经济发展，但这对机制薄弱的国家来说却特别危险。

### 金融一体化可以加速金融业发展

国内金融市场向国外开放竞争可以加快金融发展，居民可以享受更低的借贷成本、更高的储蓄回报以及投资组合多样化带来的好处。国家能够进入国际资本市场，也有助于应对国内的冲击。发展中国家的宏观经济条件很不稳定，这意味着它们可能会受益于这种不成比例的"平滑消费"（Consumption Smoothing）[1]。

更好地利用国外资产，可以增加信贷约束型经济体的国内投资，并提高投资的全球配置水平。开放资本账户可以加强竞争，从而强化国内金融系统。外国直接投资在改善国内竞争条件、促进国际贸易参与度和获得技术支持方面非常有效[2]。随着金融一体化的发展，资本与国家主权相分离往往可以对一国的经济政策产生正面影响[3]。

---

[1] 帕拉齐和罗博，2003 年。
[2] 关于外国直接投资如何带动零部件贸易的讨论，请参阅第四章。
[3] 卡敏斯基和施穆克勒，2002 年。

## 然而，发展中国家往往没有意识到金融一体化的好处

金融一体化并不总是像 1999~2008 年的出口总资本（经常账户盈余流动）那样将全球储蓄重新分配给发展中国家。乍一看，这是令人费解的：资本在发展中国家比在发达经济体中更为稀缺，所以，如果其他一切条件相当的话，资本在发展中国家应该会产生更高的回报率，因而资本就应该从发达经济体流向发展中国家（应该对应经常账户赤字流动）。但这个简单的框架忽略了推动发展中国家资本出口的三股力量。

首先，尽管发展中国家的资本相对稀缺，但却可能无法赚取更高的回报。因为腐败、法律制度不完善或公共物品供给不足（如基础设施）等原因，企业家往往不能从投资中充分获益①。其次，发展中国家也有输出资本的动机，包括投资组合多元化的愿望。尤其是许多发展中国家的多样化规模较小，作为一项预防措施而持有相对"安全"的投资和储备是许多国家在（20 世纪90 年代后期）东亚金融危机以后的一个重要动机。最后，在1999~2008 年累计经常账户盈余的 32 个发展中国家中，有大多数要么是商品出口国，在全球经济衰退之前不处在从初级商品价格上涨中赚取巨额暴利的位置，要么就是尽管资本出口，但其投资率保持在 GDP 的 25% 以上。而在这些情况下，它们都没有太大的必要性去增加国内投资。

更严重的是，放宽对金融贸易的控制，已经对经济增长和福利产生了严重影响（见专题 5.3）。金融一体化似乎已不是平滑消费的一种手段，反而大大推动了许多国家的消费波动。在规模小、信息相对匮乏的经济体（与基本的经济发展无关的资本流

---

① 罗德里克和苏波拉曼联，2008 年。

动，因谣言或类似经济体问题的关注做出反应，可以产生很大影响）和采取反周期政策来支持需求以及那些解决破产金融机构的能力较弱的政府，波动的成本可能最大。因此，解除对国外金融贸易的限制所产生的净效益，往往在较发达的经济体可以达到最大，而在最贫穷经济体则很小，甚至为负。

### 专题5.3 与国外资产交易相关的危机已经付出了巨大代价

发展中国家遭受了国外金融相关危机的严重冲击。20 世纪 80 年代，拉美债务危机导致 1980~1983 年的人均 GDP 下跌了近 4%，直到 1994 年才恢复到危机前（1980 年）的水平。墨西哥比索危机导致了 1995 年墨西哥的人均 GDP 下降了 6%。而阿根廷放弃与美元的固定汇率导致了 2000~2002 年其人均产量减少了近 15%。1998 年的金融危机导致受灾最严重的东亚国家（印尼、韩国、马来西亚和泰国）人均 GDP 平均减少了近 9%，俄罗斯减少超过 5%（见专题图 1）。各国的经济衰退持续时间有

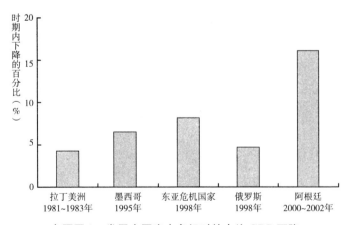

专题图 1　发展中国家在危机时的人均 GDP 下降

注：以不变美元计算。
资料来源：世界银行数据。

很大差别：韩国到 1999 年便恢复到其 1997 年的人均 GDP（以不变美元计算）水平，但印尼直到 2004 年才恢复到其 1997 年的水平。

相较而言，高收入国家的金融危机往往成本较低，尽管不是全都如此。20 世纪 30 年代以来，最近的金融危机是由金融不稳定性带来的严重后果，但 2009 年美国的 GDP "仅仅" 减少了 2.5%，欧元区则减少了 3.9%，比起上面提到的大多数发展中国家，欧美所受的影响要小得多。高收入国家受危机影响较小是因为它们的经济更多元化，自动稳定（社会福利、失业保险）的能力更强，而且其资本外逃有限（往往没有更安全的可替代投资）。美国在危机期间的避风港作用也降低了其受影响的程度。

实证研究发现，发展中国家在国外资产开放中所得的好处大都很小，甚至为负①。专注于股票投资组合流动的研究总是倾向于找到一个利于增长的积极影响②。在金融开放中，债务流动似乎会产生最大的风险。外商直接投资对经济增长的影响则是正负参半的：FDI 对经济增长的好处似乎受制于初始条件和部门组成，比如说，更高的教育水平可能会增加对 FDI 的吸收，制造业的 FDI 可能比矿业的 FDI 更有利于经济增长。

① 科斯及其他人（2006 年）总结的关于金融一体化和发展中国家经济增长之间的关系的实证研究。
② 例如，古朴它和袁（2005 年）发现在股权市场自由化后，依赖国外融资的产业增长速度比依赖国内融资的公司要快。同样，瓦纳斯科（2004 年）认为，金融开放总体来说对工业部门的增长有积极影响，而且这种影响对依赖国外融资的产业是最大的。艾晨格林和其他人（2009 年）发现资本账户的开放仅对高收入国家的金融依赖型产业的增长有积极影响，而这种影响在危机期间消失了。

# 对全球经济的影响

发展中国家在金融市场参与度的提高也对其他国家有影响。正如在制成品市场一样，发展中国家在全球金融中的作用不断加强，这可以为高收入国家的公司提供大量的机会。美国、欧洲和日本银行可以通过增加在发展中国家的资产份额来分散风险。而且，由于现代金融市场依赖尖端产品（这些产品需要大量知识、经验和技术来支撑），高收入国家的金融集团可以向刚涉足这些市场的发展中国家企业提供尖端产品服务，从而获得巨额利润。例如，尽管发展中国家参与了大量复杂贸易的融资计划，但这些贸易还是由高收入国家的公司管理（即使来自发展中国家的经理的份额已经在增加）[1]。同时，尽管发展中国家也是国际债券配售的重要消费者，但在此类贸易的佼佼者中，高收入国家的公司仍占大多数。

但是发展中国家的崛起，也给控制金融风险和应对全球性危机带来了挑战。

## 发展中国家薄弱的机制凸显了金融监管协调的必要性

到2050年，世界8个最大的国家中将有6个是发展中国家，它们的人均收入较低，监管框架可能比现在的发达经济体要薄弱。在全球经济合作的议程中，应高度重视并努力强化这些框架，可是发展中国家经济的快速增长让这变得特别困难。毕竟，主要工业经济体花了两个世纪的时间来发展适合金融部门的监管框架，并且仍在不断推进这一进程。一些发展中国家将经济的进

---

[1] 由发展中国家机构管理的计划融资贸易的美元价值从1997年约占总量的0.5%上升至2008年的9%（国际计划融资，www.pfie.com）。

步压缩在短短几十年间，留给金融部门管理机构发展的宝贵时间极为有限。

许多金融机构都存在全球联络和监管套利的潜力，这意味着政策协调必须要加强监管。风险承担能力的提高可能会促使投资者转向透明度和资本要求不那么苛刻的司法管辖区。因此，在主要的金融中心之间，有必要就透明度和资本要求程度达成协定，而且需要进行全球金融监督机构的合作。正如国际社会在应对危机中的紧密合作一样①，对金融业的有效监管需要进一步深入合作。然而，臭名昭著的 G7 财政政策（尤其是美国和英国的）激励着欧洲和亚洲通过发展区域模式来进行金融监管。目前尚不清楚新兴的金融秩序是将加强金融一体化，还是会将金融市场分化为众多区域中心。

## 不同的金融监管方法对政策协调的影响有正有负

在追求全球性的监管方式时，发展中国家的崛起将促使各国普遍认同并采取更严格的金融法规。发展中国家之间以及发展中国家与富裕国家之间金融体系的不同，对改善政策协调的影响有正有负，在一定程度上甚至是矛盾的。尽管此次危机产生于高收入国家的金融市场漏洞，但事实上，机制薄弱的国家更容易出现危机，而且其金融监测机构在其监管范围内的复杂操作导致透明度更差。随着自身财富的增加，发展中国家在国际金融市场的重要性日益增长，它们在金融监管方面的早期改善显然已不够用，因此，它们正在进一步改善金融机构。例如，中国的银行已经降低了不良贷款率（从 2003 年末占总资产的 17.4% 降低到 2009 年中的 1.8%），并加强了资本头寸（到

---

① 保利，2009 年。

2008 年为止，几乎所有商业银行的资产已经达到了国际清算银行的最低资本充足率标准)①。

即便如此，政治因素继续影响着大量贷款，中国金融机构的内部管理也仍旧薄弱②。其他主要发展中国家（如俄罗斯）的疲弱治理也可能会限制金融监管效率的提高。2030 年，这些国家将步入世界最大的经济体行列，而其金融监管体制却很薄弱，这暗示着全球经济向前发展的潜在风险。如果在未来 20 年里中国出现金融崩溃，那么其影响可能比最近美国房地产泡沫破灭更大。因此，鼓励中国和其他大型新兴经济体采取强有力的监管，应当引起普遍关注。

第一次巴塞尔协定所达成的资本要求（在许多发展中国家实施）并没能成功改善发展中国家银行体系的稳定性，这些国家本身的机构薄弱是原因之一。与许多银行对危机的预测费用提高一样③，发展中国家的资本要求如此效率低下是因为其会计、公报和司法系统的薄弱，同时，浅层的资本市场和高度集中的银行所有权往往使得银行资本的真正价值难以实现。此外，即便是在较发达的新兴市场，它们也不太遵守金融稳定论坛规定的统一财务标准和规则④。在未来几年内，金融分流可能会进一步转移到金融监管最薄弱的国家，这增加了未来金融市场对全球经济活动产生重大破坏的隐患。

尽管发展中国家的监管能力普遍比较薄弱，但是某些国家的调控政策却比许多富裕国家还要严格。例如，中国对于资本贸易

---

① 经合组织，2010 年。
② 蔡和威尔，2007 年。对于为应对危机而迅速扩大的不良贷款规模的增加仍然充满不确定性。
③ 罗哈斯·苏亚雷斯，2005 年。
④ 莫斯利，2009 年。

和衍生工具贸易进行了严格控制，国家机构高度参与了国内金融管理工作。这些做法可能会约束金融市场的效率，但也约束了其潜在的不稳定性。中国的经济成就可能会鼓励其他国家也限制它们的金融开放程度。但从长远来看，开放的金融系统可能会效率更高，而且与国际金融活动绝缘的话，可能无法获得国内金融业的持续发展和贸易开放的利益[①]。在过去 20 年中，中国监管政策的灵活性在逐步提高，而且这一趋势很可能还将继续。但相对于中国在全球金融部门政策影响力的增加程度而言，这些政策还是比富裕国家的更为严格。

对于全球金融部门的政策，发展中国家可能存在相互矛盾的影响。正如在关于贸易和全球公地的章节中所讨论的一样，简单增加谈判方的数量可能会阻碍联合政策的协定达成，尤其是当新的参与者的收入水平及历史经验大不相同时。目前关于监事之间信息共享的安排是通过非正式接触和不具约束力的谅解备忘录[②]形成的，这恐怕不能为生活水平和经济机制迥异的国家之间的合作奠定足够的基础。而且，在全球机构的金融救援中，银行在费用分摊问题上的克制力到底应当有多少，还几乎没有商定[③]。即便仅仅在欧洲这一个市场，监管的严格程度也不一样[④]。因此，要实现发展中国家与富裕国家达成统一标准的协定可能会困难重重。

某些发展中国家可能不太愿意去严格约束风险承担能力。在具有深度金融市场的富裕国家[⑤]或是增长快速的发展中国家，较

---

① 奥博斯·菲尔德，2009 年。
② 弗雷姆和文德斯，2009 年。
③ 阿查里雅和其他人，2009 年。
④ 其哈克和伯德皮尔拉，2006 年。
⑤ 本纳西·奎尔和其他人，2009 年。

严格的监管提高了金融中介的成本，且被看做是为确保稳定而付出的一个合理代价。但是，一些贫穷国家经济增长较慢，很大一部分人口缺少享受正规金融服务的渠道，它们可能会更倾向于较低的资本要求，尽管那样会有较高的风险①。因此，一些发展中国家采取的宽松监管政策在全球化的金融体系中将更易于产生监管套利的隐患。

对衍生工具的管制问题更为严重。全球信贷衍生品的名义价值（如资产抵押证券和信贷违约交换）正在呈指数级增长，在2009年上半年下降到31万亿美元之前，它曾经从千禧年初的约1万亿美元增长到了2007年的62万亿美元②。加上既定合同，约有10%的信用衍生品的全球价值存在着"实实在在的"信用风险③。发达国家建立的衍生工具票据交易所越来越多，发展中国家不太可能抵制住自己建立交易所的诱惑，这就存在通过降低抵押品标准和减少保险基金收费来加强竞争的可能。即便不存在票据交易所的竞争，投资者也可能将衍生品贸易转移到发展中国家的柜台市场来规避透明度要求。而发展中国家很乐意避免承担过度的风险。在最近的危机中，发展中国家的公司（其中一些最终公有化了）在衍生产品市场的赌注中遭受了巨大损失。因此，尽管在主要参与国之间达成关于金融衍生工具管制的协定很艰难，却并非完全不可能。

---

① 发展中国家并不一定采取比富裕国家更低的资本要求，如上所述，一些发展中国家拥有比美国更严格的金融法规。总而言之，在此前十年，被调查的110个国家中只有17个不符合"巴塞尔协议"的最低资本要求（巴特和其他人，2001年）。但是，如果富国在危机后想要提高资本要求（我们相信它们应该这么做），难以确保所有的发展中国家将会遵循。
② 科夫和其他人，2009年。
③ 衍生产品代表的全球信用风险可能超过除贸易净利润以外的衍生产品合约价值，因为对手的失败甚至可能危及那些净利润相对衍生品风险为零的企业。

无法预测这些矛盾复杂的影响在中期将如何发挥作用。如果重点只是去实行（或是加强）基于 G7 国家实践基础上设定的那些要求的话，那么对于发展中国家薄弱的公共机构而言，不断提高的信息披露要求可能会让它们不堪重负。一种可能是，比起发达国家的政策设计，发展中国家的调控政策要更具有限制性，又不太复杂（如金融机构的报告不太复杂，在信息处理能力上的投资较少）。这类规则可能在效率上要远远低于由富裕国家银行监事俱乐部设计的那些，但它们可能会形成一个更加稳定的金融体系。另一种可能是，鼓励对发展水平不同的国家采取不同的监管方法（如较复杂的商业银行在确定资本充足率方面比向新巴塞尔协定过渡的其他银行具有更多的灵活性），某些司法管辖区可以享受竞争优势。

最近的危机暴露出发达国家的监管框架存在着严重缺陷，鉴于此，发展中国家可能不希望复制发达国家的金融政策。但它们可以从发达国家的帮助中受益，如进行提高监事和决策者技术的培训，在财务报告监督要求上采用更先进的信息处理方法等。

## 发展中国家的崛起将增加设立国际紧急借款人的必要性

在危机中，紧急借款人提供流动资金对金融稳定十分重要①。IMF 和各国政府（例如欧洲对东欧，美国对拉丁美洲）在危机中经常为新兴市场政府提供这样的支持（这样，危机中的银行业就能有足够的资金来支持当地银行）。同样，美国和欧洲各国政府在最近的危机中也解决了金融机构流动性不足的问题，采取必要措施避免了第二次大萧条，而且可能进一步推动金融贸

① 见何福森和韦德梅尔（2009 年）关于美国联邦储备的建立如何减少金融动荡的分析。

易的发展。但是紧急借款人这一资源需要巨大的财政费用，而且存在投保人信用风险。

救援行动的途径在不断变化。在新兴市场的危机中，债权国政府之间的协调可能会受 IMF 双边磋商的影响。在最近发生的危机中，富裕国家金融机构的救援行动主要来源于各国政府。但是有一些涉及费用分摊份额的协定无法达成（如欧洲在解决德克夏银行和富通问题上的努力），一般情况下，个别国家的行动总会严重受制于其他国家类似的紧急措施①。美国联邦储备委员会也在提高与外国中央银行的交换额度，以便能为它们的金融机构提供临时的美元支持。现在，国际社会普遍期待在危机中各国政府出手处理总部设在该国的金融机构，尽管这是一个短期措施，但这些步骤将足以恢复该国的金融稳定。这种合作处理破产机构的方法得益于发达国家之间悠久的合作传统和政府机构间的紧密网络。

发展中国家的崛起会如何影响未来危机中的紧急支援呢？随着发展中国家重要性的增长，协助它们所需的资源和富裕国家自己规避不稳定的动机都将增加。危机促使了 IMF 资源的增加（在危机中，贷款资源已增加了两倍），但是这些资源能否足以应对未来的危机还尚未可知。在对希腊做出巨大承诺以后，关于 IMF 资源增加的必要性已经遭到质疑②。个别发展中国家的经济规模开始等同甚至大于最发达国家，发展中国家对国际金融贸易变得更加开放，发生巨大危机的可能性也将上升，这也相应地增加了它们在应对危机时所需资源的规模。

任何 IMF 贷款资源的进一步大幅增加，都可能会增加投保

---

① 限制外国人增持存款保险的努力宣告失败，美国关于只有总部设在美国的银行可用纳税人资金的提议被驳回。

② 见《经济日报》，2010 年 6 月 4 日。

人违约风险。如果紧急借款人很可靠的话，那么在不利冲击中，银行和其他贷款人可能愿意提供贷款（政治领导人对危机的不良后果要负责任，照此看，关于政府轻率借贷的说法不可信）。因而，更多的资源必须附有严格的条件，而且用债务重组来补充援助的可能性将有必要继续保持。最近批准增加的 IMF 资源可以通过对资不抵债的主权债务人采取既定程序来进行有效补充，以限制投保人的违约风险，并确保贫困国家的纳税人不需要总是包揽银行和政府所造成的损失。

尽管还没有建立新的国际机构，能够将发展中国家纳入全球金融治理，但是国际社会已经开始采取措施改变现有机构的职责和管理结构①。G20 作为讨论金融问题的主要国际论坛，已将其所有成员纳入金融稳定委员会，将巴西、中国、印度、韩国、墨西哥和俄罗斯纳入巴塞尔银行委员会。这些举措对将迅速增长的发展中国家纳入全球金融治理是有益的起步②。进一步的工作可以考虑确保发展中国家在国际货币基金组织和世界银行中获得更大的代表性。

## 结论：全球金融的设想

国际社会曾试图通过私人评级机构来调和金融发展与金融稳定的矛盾，通过民营企业的自身利益来承担风险并在一定程度上进行自我调节。但是大衰退表明，在扩张性货币政策的背景下，依赖自我评估和私人评级机构来监察风险承担能力是一场灾难。现在，我们除了接受放慢金融创新的步伐来作为稳定的代价，似

---

① 波特，2009 年。
② 杰夫斯·琼斯和奥坎波，2009 年。

乎别无选择。但愿走出经济大衰退的全球金融体系可以提供更高的资本充足率，对风险承担能力有更强的控制，财务账目有更大的透明度，对非银行金融机构有更强的监督，并对系统性风险能更加关注。然而，以上诸项的执行进展不足，至今前途未卜。尽管如此，我们仍愿意相信国际社会会竭尽全力加强监管，而这种努力将需要更多的国际协调。那么接着问题又来了，发展中国家的崛起将如何影响这些努力？

答案十分复杂。发展中国家的薄弱机制可能意味着它们将成为金融不稳定的更重要来源，并将鼓励监管套利，成为实现全球金融机构跨辖区处理时取得大体一致性的障碍。但在一些更成功的发展中国家中，它们的金融系统得到了良好控制，可能会成为金融稳定的来源。即便降低了效率，它们在鼓励对风险承担能力方面也普遍采用了比许多发达国家更为严格的控制。

## 参考文献

1. 阿查里雅，维拉尔·V，托马斯·菲利，马修·理查森和奴里尔·鲁比尼：《总览全局：2007～2009 年金融危机的原因和解决办法导论》，《恢复金融稳定：如何修复一个失败的制度》，维拉尔·V、阿查里雅和马修·理查森编著，约翰·威利父子出版社，2009 年。
2. 艾泽曼和约书亚：《全球化经济中审慎监管的悖论：重新评估国际储备与危机》，国家经济研究局工作论文 14779，全国经济研究局，2009 年。
3. 阿伯罗拉，恩里克和何塞·玛丽亚·塞雷纳：《主权国家国外资产和全球经济失衡的反弹》，西班牙银行工作文件 0834，马德里，2008 年。
4. 贝拉，利芬，科里纳·庞格勒斯库和金科·特·奥尔斯特：《模型的不确定性，金融市场一体化和主场偏见之谜》，《国际货币金融杂志》，26（2007）：606 - 30。

5. 巴特，詹姆斯，杰拉德·迪卡普里奥和罗斯·莱文：《银行监管：什么效果最好》，《政策研究》工作论文 2725，世界银行：华盛顿特区，2001 年。

6. 本纳西·奎尔，艾格尼丝，拉吉夫·库马尔和让·皮萨尼·菲里：《G20 可不是仅仅是 G7 多加了几把椅子》，《勃鲁盖尔政策贡献》第 10 期，国际信息与预测研究中心，2009 年 9 月。

7. 伯南克：《大萧条扩散中金融危机的非货币性影响》，《美国经济评论》，73（1983）：257 - 76。

8. 波尔多，迈克尔：《评注》，《联邦储备银行圣路易斯评论》，1998 年 5 ~ 6 月，http：//research. stlouisfed. org/publications/review/98/05/9805mb. pdf。

9. 鲍尔斯，保罗和王宝泰：《洛奇的未来之路：中国、美国和美元的未来》，《国际政治经济评论》，15（2008）：335 - 53。

10. 蔡，庄，彼得·威尔：《新资本协定与中国银行业》，《银行业条例杂志》，8（2007）：262 - 89。

11. 卡鲍夫，罗伯特·J 和戴维·W. 赫德里：《美元将不再是主要储备货币？》，《全球经济期刊》，9（2009）：第 1 条。

12. 钦·门吉尔·D 和希洛·伊藤：《金融开放的新举措》，《比较政策分析杂志》，10（2008）：309 - 22。

13. 其哈克，马丁和理查德·博得皮尔拉：《一个看门狗比三个好吗？综合财政部门监督的国际经验》，IMF 工作文件 06/57，国际货币基金组织，华盛顿特区，2006 年。

14. 科恩，本杰明·J：《走向群龙无首的货币系统》，《美元的未来》，埃里克·赫雷诺和乔纳森·基什内尔编著，142 ~ 63，康奈尔大学出版社，2008 年。

15. 考恩，戴维·J、理查德·西拉和罗伯特·E. 赖特：《美国 1792 年恐慌：金融危机管理和紧急借款人》，为国家经济研究局 DAE 暑期学院准备，2006 年 7 月，第十四届国际经济史学大会，20 期，《经济史中的资本市场异常》，赫尔辛基，2006 年 8 月，www. helsinki. fi/iehc2006/papers1/Sylla. pdf。

16. 艾肯格林，巴里：《金融危机和全球政策改革》，为在圣巴巴拉分校的旧金山联邦储备银行关于亚洲和金融危机会议准备，加利福尼亚州，2009 年 10 月 19 ~ 21 日。

17. 弗拉姆，米歇尔和保罗·温德尔斯：《重组金融部门监督：建立公平的竞争环境》，《日内瓦论文》，34（2009）：9－23。

18. 法兰奇，肯纳斯·R 和詹姆斯·M. 柏特巴：《投资多元化和国际资本市场》，《美国经济评论》，81（1991）：222－6。

19. 加拉茨，加布里埃尔和菲利普·伍尔德里奇：《欧元作为储备货币：对美元主导的挑战?》，《国际金融经济杂志》，14（2009）：1－23。

20. 加尔布雷思，约翰·肯尼思：《钱：从哪里来，就到哪里去》，波士顿，赫夫隆·米芬，1975 年。

21. 戈德堡，琳达：《美元的国际角色在转变?》，《经济学和金融当前的问题》，16（2010）：1－8。

22. 格利福斯·琼斯，斯德法尼和何塞·安东尼奥·奥坎波：《金融市场稳定和发展的全球治理》，《全球经济治理的发展空间》，政策对话倡议、哥伦比亚大学和联合国发展计划，2009 年，www. brookings. edu/ events/2010/1008_ global_ development. aspx。

23. 何福森，埃里克和马克·韦德米尔：《金融市场和紧急借款人》，刊于《21 世纪的第一次全球金融危机（二），2008 年 6 月》，卡门·M·雷恩哈特和安德鲁·费尔顿编著，伦敦经济政策研究，2009 年，http：//mpra. ub. uni－muenchen. de/13604/。

24. 赫雷诺，埃里克：《国际治理的再管制和分裂》，《全球治理》，15（2009）：16－21。

25. 何丕特，朱利安：《18 世纪英格兰的金融危机》，《经济史评论》，39（1986）：39－58。

26. 卡敏斯基，格拉谢拉和瑟吉欧·L. 施穆克勒：《新兴市场的不稳定：主权国家评级会影响国家风险和股票收益吗?》，《世界银行经济评论》，16（2002）：171－95。

27. 凯尔，戴维和德文·卡特赖特·史密斯：《来自发展中国家的非法资金流动：2002～2006》，华盛顿特区：国际政策中心，2008 年。

28. 基弗，约翰，詹妮弗·埃利奥特，埃利亚斯·卡扎里安，乔迪·斯高拉特和卡洛里·斯巴克曼：《信用衍生产品：系统性风险与政策选择?》，IMF 工作文件 09/254，国际货币基金组织，华盛顿特区，2009 年。

29. 金德尔伯格，查尔斯·P 和罗伯特·Z. 阿里波：《狂热、恐慌和崩溃》，《金融危机史》第五版，帕尔格雷·麦克米联出版社，2005 年。

30. 麦克安德鲁斯，詹姆斯和威廉·罗伯茨：《支付中介和银行业的起源》，联邦储备银行纽约参考报告 85，纽约，1999 年。

31. 莫斯利，雷纳：《全球标准和规则的终结?》，《全球治理》，15
（2009）：10 – 15。

32. 奥博斯菲尔德，莫里斯：《国际金融和发展中国家的经济增长：
我们学到了什么?》，国家经济研究局工作论文 14691，全国经济
研究局，2009 年。

33. OECD（经济合作与发展组织）：《经合组织经济调查：中国
2010》，巴黎，2010 年。

34. 帕拉齐，斯特凡，米歇尔·A. 罗博：《当利兰和派尔遇上外国
援助? 逆向选择和财政援助流动的顺周期性》，研究论文 0327，
校际风险、经济政策与就业中心，魁北克大学，蒙特利尔，2003
年，http://ideas.repec.org/p/lvl/lacicr/0327.html。

35. 保利，路易·W：《一体化世界的金融紧急情况管理》，为杜克
大学全球治理与民主研讨会准备，约翰·霍普·富兰克林中心，
杜克大学，达勒姆，纳罗利州，2009 年 4 月 16 日。

36. 波特，托尼：《论坛特别简介：危机和全球金融治理的未来》，
《全球治理》，15（2009）：1 – 8。

37. 拉詹，拉古拉姆·G、路易吉·津加莱斯：《伟大的回转：20 世纪
金融发展政治学》，《金融经济学》，2001 年，jfe.rochester.edu/
02104.pdf。

38. 莱因哈特，卡门·M 和肯内斯·S. 罗戈：《此时不同往日：八个
世纪的金融蠢事》，普林斯顿大学出版社，2009 年。

39. 罗德里克，丹妮和艾文德·苏博拉美年：《金融全球化为什么让
人失望?》，IMF 参考论文，56（2009）：112 – 138。

40. 罗哈斯·苏亚雷斯，莉莉安娜：《发展中国家的财务条例：它们
可以有效限制资本账户波动的影响吗?》全球发展中心工作论文
59，华盛顿特区，2005 年，http://ssrn.com/abstract=1114148。

41. 鲁比尼，努里尔，泽维尔·撒拉·伊·马丁：《金融压制和经济
增长》，《发展经济杂志》，39（1992）：5 – 30。

42. 优德维特，亚伯拉罕 L.：《反思中世纪伊斯兰银行和信用机构》，
《伊斯兰研究》，41（1975）：5 – 21。

43. 威廉姆森，约翰：《为何特别提款权可能超越美元?》，彼得森国
际经济政策研究所摘要 PB09 – 20，华盛顿特区，2009 年。

44. 世界银行：《全球发展金融》，华盛顿特区，2009 年。

# 第六章
# 移民：被忽视的全球化支柱

    国际移民可以为原籍国、目的地国和移民者本人带来巨大的经济效益。但是对移民的无效限制也严重限制了收益，同时还造成了非法移民的巨大社会问题。

    富裕国家围绕入境限制的争论正呈上升趋势。随着发展中国家人口的迅速增长以及收入的增加，潜在移民人数增加，而工业化国家的人口老龄化也增加了对移民服务业的需求。

    国际协定对移民政策的影响已被边缘化。

    富裕目的地国入境限制的无效源于竞争意识和利益考量。目的地国反对移民，往往是因为本地工人担心移民会带来竞争，甚至是单纯的偏执，认为外国人的社会影响会因此增加[1]。但是雇主们却经常支持放宽移民限制，因为目的地国很多重要的经济部门要依靠移民，雇主们不愿意对公民自由实行普遍的强制性限

---

[1]   在其他经济问题上也经常关注到移民因素，但基本上没有什么证据表明移民对拥堵（如增加交通和房屋需求）有显著影响或是带来政府支出的净负担（见下文）。

制，因为那样将把所有的非法人员排除在外。

发展中国家的崛起、人口发展的趋势以及其他因素都暗示着这些问题在未来数年里将可能进一步尖锐化。工业化国家的老龄化将增加对移民的需求。而发展中国家劳动年龄人口激增、收入增加，低技能移民的供应潜力也随之增加。运输和通信网络的技术进步和数量增长也将持续地降低移民成本。随着低技能移民供给的增加，控制移民的政策将要付出更高的代价，同时也更具侵犯性，却仍然不会全然奏效。

更糟糕的是，不当的入境限制造成了非法移民的巨大社会问题，同时也增加了移民者面临的风险，这些广受社会关注。不同目的地国的移民政策会有所不同。比如说，美国具有相对灵活的劳动力市场，它在吸纳移民进入其经济和社会方面做得比欧洲国家要好，而在抵制非法移民方面则没有欧洲国家那么成功（部分也由于地理原因）。

国际协定在管制国际移民方面可能作用不大，但它可以制定原籍国和目的地国的相关国际行为守则，增加合法短期移民的双边协定，打击人口贩卖行为，传播移民风险及利益的相关信息，这些都能在一定程度上提高移民收益。

## 移民可以产生巨大的经济效益

尽管与可用工人的总量相比，从低工资发展中国家向高工资工业化国家的工人移民数量很有限，但其所带来的利益却是巨大的。在技能水平相似的前提下，工业化国家工人的中等工资约为最先进发展中国家工人工资的2.5倍，为低收入国家工人工资的5倍①。尽

---

① 弗里曼和欧斯登德普，2000年。

管贸易、劳动力临时流动、资本流动以及业务外包等因素也可以拉开各国间的收入差距，但在建筑、酒店、餐饮和家政领域，移民是造成收入差距的主要因素。

据估计，全球移民储量翻番所带来的收益将大于消除商品贸易中全部剩余壁垒所能带来的收益①。模型计算普遍认为移民可以为移民者、原籍国和目的地国都带来利益（见专题6.1）。其中，移民者受益最多，因为他们可以赚取更高的收入；目的地国的非贸易服务供应量会增加，对生产投入的利用也会更有效；原籍国则可从中获得移民汇款：有记录的向发展中国家汇款从1990年的310亿美元（占GDP的0.8%）上升至2009年的约3170亿美元（占GDP的1.9%），而在2009年，如果包括未记录的汇款（那些通过非正规渠道或是国家没有报告汇款数据的），数字可能还要翻番②。

### 专题6.1　移民收益评估

一项全球性的可计算一般均衡模型发现，2010～2025年，移民将为高收入国家增加5%的劳动力，为这些国家增加1900亿美元收入，同时还将带来汇款上升以及全球收入约1万亿美元的增长③。另一项研究估计，在短期内，目的地国人口如果由于移民而增长1%，那么它的GDP将相应地增加1%，而且不会影响平均工资和劳动生产率④。

我们还可以通过对历史事件的研究来衡量移民的收益。比如，2004年欧盟扩大，将东欧国家纳入，接着出现了迁往英国

---

① 世界银行，2006年。
② 见世界银行，2006年，关于移民好处及成本的讨论。
③ 范·德·门斯布鲁格和罗兰·霍尔斯特，2009年。
④ 奥特加和珀，2009年。

和爱尔兰的移民热潮，预计十年后这两个国家的 GDP 将有
0. 5% ~ 1. 5% 的增长①。

　　实际上，模型计算低估了移民带来的经济效益。因为模型不
能反映高技能移民为目的地国带来的动态收益。比如，第二次世
界大战后，英国、加拿大和德国等国的科学家大量涌入美国，这
对美国的技术进步贡献良多②。由于许多大学毕业生移民拥有科
学和工程学位，他们贡献的专利数量是本地毕业生的两倍之多
（亨特和戈捷·路易赛尔，2009 年）。模型也不能衡量无形效益，
比如（为原籍国）改善市场联络、增加技术转让以及提高技能
工人回报等。
　　另外，模型计算也没有充分反映移民的经济和社会成本。
移民者需要准备旅费和搬迁费，而且有由于不确定性和不可靠
信息而做出错误决定的风险。如果是非法移民，甚至面临着人
身危险。目的地国的工人则可能面临暂时性失业以及技能投资
回报减少的困境，尽管证明移民对本地工人工资有重大影响的
证据很有限③。原籍国可能要承受教育、保健等非贸易型服务行
业高技能工人的大量外流所带来的损失，而在与侨民日后的互动
中，可能会产生效益。但是，如果留在原籍国的话，由于政策贫
乏或是经济规模较小从而产生对专业化的限制，高技能移民反而
可能会面临就业不足④。

---

① 开发计划署，2009 年。
② 1961 年，外来移民约占美国人口的 5%，但其中 24% 是国家科学院的成
　　员。在物理学、化学、医学和生理学的 71 位美国籍诺贝尔奖得主中，有
　　24 位是外来移民（戴内斯坦和赖默斯，1999 年）。
③ 达杜什和法尔考，2009 年。
④ 世界银行，2006 年。

142

移民也给目的地国带来了拥堵和公共开支方面的负担。比如，交通流量增加，土地价格上涨，以及因居民增多而带来的公共服务效力的下降①。随着移民数量的增加，让他们融入社会的成本会更高。但是，拥堵影响其实很难衡量，而且移民也可能推动规模经济，从而减少服务的单位成本。移民对政府预算的净影响取决于政府的税收和支出规则，包括移民的年龄、收入和享受政府服务的资格以及移民对当地人享受政府服务的影响，如对穷人收入的影响。总的说来，大多数的实证研究发现发达国家移民对政府预算的净影响非常小②。

移民收益还取决于目的地国的政策和社会态度。如果是像美国这种具有相对灵活的劳动力市场与悠久的移民传统的国家，能够成功地将移民融入经济和社会，那么移民可能会增加经济效益。相比而言，一些欧洲国家对劳动力市场的管制更为严格，对移民的普遍接受度较低，与移民融合得较少，这样移民创造的经济效益就会较少③。

移民带来的社会成本和效益难以量化，但在某些情况下这些却可能比其对经济的影响更为显著。移民者可能会遭受远离家人、朋友和熟悉文化的痛苦，也可能会感受全新体验的兴奋。目的地国则可能面临在重要社会问题上的共识减少，以及宗教和种族关系的紧张，但也可能会受益于新思路的涌入和更大的多样性（如在时装和食物的选择上）。

这很大程度上取决于目的地国的态度和机制、移民数量以及他们与当地人的经济和社会差异。相对强调同质性的小国，比如

---

① 克莱门特、皮尤和桑斯，2008 年。
② 见洛桑，2008 年。
③ 此概括不适用于那些具有很高移民率的地广人稀的石油出口国。

荷兰，可能会觉得其生活方式正因增加的多样性而发生着显著的变化（现在在这些小国中，与发展中国家有民族纽带的人口所占的份额是 12% 左右）。相比而言，像美国这样有着吸收多样化移民的历史传统的大国，则可能在吸收更多的拉美裔移民时，几乎不对当地人产生影响。

## 国际移民正在增加

如果说移民是有益的，那么在过去 40 年中的移民增加则是一个好消息。据联合国人口司统计，国际移民人数从 1965 年的7700 万上升到 2005 年的 1.95 亿。换言之，在此期间，世界移民人口的年增长率超过了 1.7%。

在高收入国家，移民增长速度比人口增长速度更快。自1960 年以来，工业化国家人口中移民所占的份额增加了一倍多，2005 年已达到 10%（见图 6.1）。移民水平与第一次世界大战前移民开放期间主要移民目的地国的水平相当。1890 年，美国人口中移民所占的比例曾达到15%[①]，比现在还要高约 3 个百分点。但是现在一些高收入国家人口中移民所占的份额已经比此高得多了，如瑞士（22%）、新加坡（43%）以及几个中东石油出口国（卡塔尔为 78%，阿拉伯联合酋长国为 71%，科威特为 62%）。

一些国家移民份额的上升使得移民与当地人之间的关系紧张化，激起了富裕国家（美国和欧洲）对移民，特别是对来自发展中国家的移民实施更严格限制的呼声。

围绕移民问题的紧张局势并不仅仅与移民数量有关。比如，

---

① 吉布森和列侬，1991 年。

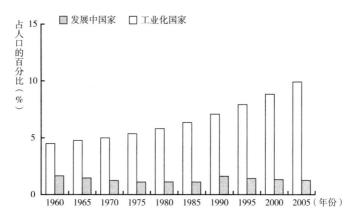

**图6.1 工业化国家的移民**

资料来源:联合国人口司数据、世界银行数据。

澳大利亚和新西兰移民的高比例(见图6.2)有相当一部分是源自这两个国家之间国民的对流移动,要他们融入新家园几乎不存在困难。相较而言,法国人口中移民所占的份额与工业化国家的平均水平差不多,但是移民局势却很困难,因为二代、三代移民

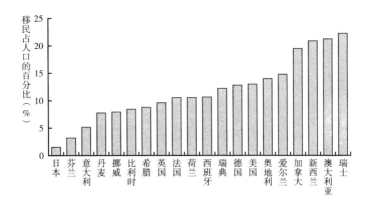

**图6.2 2005年工业化国家的移民**

资料来源:联合国人口司数据。

在融入他们的新家园上仍面临着重大障碍。意大利是工业化国家中移民占人口份额最低的国家之一，它实行最严厉的法律，非法移民和收容非法移民的人都面临着被囚禁的风险①。

# 工业化国家的入境限制有负面影响

工业化国家移民的增加一直伴随着不断加紧的入境限制，而这其实仅在一定程度上有效。

## 入境限制有着悠久的历史

中世纪时期的欧洲，许多城镇要求持护照才能进入。19 世纪初，护照控制和签证要求很普遍。后来随着铁路的扩散，旅游速度和乘客数量使得护照控制难以执行②，欧洲的护照系统被打破了。但是，在奥斯曼帝国和俄罗斯帝国，护照控制仍在继续实行。而在移民的主要目的地国（美国、加拿大、澳大利亚和阿根廷），除了罪犯和传染病人外，事实上几乎没有限制。19 世纪末和 20 世纪前 10 年，美国流入移民量达到高峰。

护照控制在第一次世界大战开始时制定，一战后反移民情绪上升，这导致许多国家的入境限制日趋严格。1924 年美国颁布《移民法》，该法令一直到 1952 年才废除，它设定了国籍配额，并禁止绝大多数亚洲移民；到 20 世纪 60 年代，加拿大还只接受欧洲血统移民进入；到 1971 年，英格兰还只允许前大英帝国的公民进入；直到 20 世纪 70 年代，法国才有一个相对开放的移民政策。

---

① 见英国广播公司，2009 年。

② 见 www. passport. gc. ca/pptc/hist. aspx？lang = eng。

最近，入境限制的重点一直放在限制非法移民，以及加强对低技能移民的限制上，当然，也有一些国家鼓励高技能移民。20 世纪 70 年代后期，美国通过了一项关于全球移民的上限要求，试图借此规范移民政策，改善 80、90 年代移民法的执行状况（已宣告失败），并建立对高技能工人的招揽偏好①。从 20 世纪 60 年代开始到最近 10 年，英国的移民政策限制了移民的公民准入资格，在此期间，政府在努力吸引低技能临时工和高技能移民②。尽管法国历届政府的政策都有所转变，但它们都一直致力于实现没有新移民、削减庇护权利以及驱逐移民③。现在，几乎所有政府都在限制公民准入资格与认证，而确定谁有权享受公民权利则被视为对维护国家认同至关重要。

## 入境限制只在一定程度上有效

有一项评估认为 12 个欧洲国家的非法移民存量一般略低于 400 万人，美国有 1200 万人（见表 6.1）。而另一项资料认为全球的非法移民存量为 3000 万～4000 万人④。评估中的非法移民存量相对于人口总量而言，还是较小的，表 6.1 所列的 15 个国家中只有 5 个国家的非法移民在总人口中所占份额超过 2%。然而，在许多国家非法移民的确是移民的重要部分，这 15 个国家中有 10 个国家，其非法移民数量占移民总数的份额超过 10%。

---

① 国会预算办公室，2006 年。
② 博斯韦尔，2008 年。
③ 克鲁夫，2007 年。
④ 帕帕得美提鲁（2005 年）与表 6.1 中个别数据估计的不同是由于前者假定的是发展中国家的非法移民规模较大（他明确提到墨西哥和南非）。但他估计的欧洲非法移民规模似乎也在两倍左右，原因尚不清楚。

表 6.1　总人口中的非法移民

| 国　家 | 非法移民 | | | 年　份（年） |
| --- | --- | --- | --- | --- |
| | 数量（千人） | 占总人口的百分比（%） | 占移民总数的百分比（%） | |
| 奥 地 利 | 50 | 0.6 | 4.3 | 2003 |
| 比 利 时 | 150 | 1.4 | 17.0 | 2003 |
| 巴　　西 | 180 | 0.1 | 26.2 | 2008 |
| 加 拿 大 | 80 | 0.2 | 1.3 | 2007 |
| 法　　国 | 400 | 0.7 | 6.2 | 2003 |
| 德　　国 | 1000 | 1.2 | 9.4 | 2005 |
| 希　　腊 | 375 | 3.4 | 38.5 | 2003 |
| 意 大 利 | 500 | 0.9 | 16.3 | 2003 |
| 马 来 西 亚 | 800 | 3.0 | 39.4 | 2006 |
| 荷　　兰 | 100 | 0.6 | 5.8 | 2003 |
| 葡 萄 牙 | 80 | 0.8 | 10.5 | 2003 |
| 俄 罗 斯 | 11000 | 7.7 | 91.1 | 2007 |
| 瑞　　士 | 190 | 2.6 | 11.4 | 2003 |
| 英　　国 | 1000 | 1.7 | 17.1 | 2003 |
| 美　　国 | 12000 | 3.9 | 30.6 | 2008 |

注：数据来自最新的可用评估。如果给定的是数据范围，则取其中间值。总移民数据采用的是 2005 年的数据，因为这是具有可比统计数据的最近年份。

资料来源：除德国外的欧洲国家数据，简德尔（2003 年）；德国数据，德国之声（2005 年）；巴西数据，《勒德环球报》（2008 年）；加拿大数据，加西新闻社（2007 年）；马来西亚数据，《印度时报》（2006 年）；俄罗斯数据，国际先驱论坛（2007 年）；美国数据，帕塞尔（2009 年）。

　　抛开入境限制百分之百有效和非法移民被许可的可能，不论从哪个角度来讲，非法移民都是不受欢迎的[1]。他们面临死亡的风险要高得多。比如，1998～2004 年，平均每年跨越墨—美边

---

[1]　基于现有移民人数而进行的有效控制也将改变移民组成，将吸引更多的高技能（首选）工人入境，从而限制非熟练工人的数量。

境的非法移民死亡人数超过 300 人[1]，而每年试图游过地中海到达欧洲却淹死的非洲人多达 2000 人[2]。在承担相同工作时，非法移民获得的工资可能比合法移民更低，这加剧了就业竞争[3]。大量的非法移民促进了非正规经济。事实上无效的入境限制使人们对看似无能的政府更加蔑视。限制性政策往往有负面影响，这使得移民控制变得更为艰难，而且会进一步减少非法移民的返还意愿（因为他们担心从此不能再移民）。更重要的是，无效的入境限制会促生不平等和对西方价值观的反感。在一些工业化国家，尽管非法移民在此居住了几十年之久，但在身份上他们仍然是非法的，无权获得政府权益和法律保护，这在某种程度上也助长了强迫卖淫和奴隶式劳动的行为。

要消除非法移民十分困难。入境限制并不奏效也显然不受欢迎，但非法移民的确很难控制。要知道，成功移民可能带来巨大的收入增长，而在漫长的陆地边境和沿海地区警务执法又面临着严重的资源和技术挑战。富裕国家出于利益考量和自身价值观的考虑，对执法的支持十分有限，与此同时，还存在着很多支持移民的资源。在许多工业化国家，有效限制非法移民所需的严厉措施会侵犯公民自由，而且对大部分（高收入）公民的日常活动也可能产生影响，甚至涉及刑事定罪。许多目的地国曾采取一些极端的措施，却仍不太奏效。比如，在波斯湾

---

[1]　GAO，2006 年。

[2]　佩雷尔曼，2005 年。

[3]　梅西（1987 年）认为，在美国，合法和非法墨西哥移民之间的工资差异决定于其技能高低，而不是其法律地位。但里维拉·巴提兹（1999 年）总结说在美国，合法墨西哥移民的收入比非法移民要高约 40%，而这种差别约有一半是由于技能和居住期限等因素的不同造成。此外，在 1986 年美国移民改革后，具有合法地位的移民享有可观的工资收益，这不能用经验和教育等因素的变化来解释。

国家，违反入境限制将面临强制刑期，但非法移民的数量仍旧相当可观①。

同时，通过规范身份地位来减少非法移民人口的努力也可能会鼓励非法劳工的进一步流入。比如，一些观察家称（在1986年《移民改革和控制法》使一些非法移民合法化以后）对美国大赦的预期鼓励了非法移民②。

### 入境限制的影响难以评估

显然，入境限制阻止了一些劳动力移民，而且普遍提高了移民成本。2008年，如果被指证协助非法移民跨过美—墨边境，罚款高达3000美元③。但入境限制本身对移民总数的影响却难以评估。有一个观点将入境限制视为对移民的税收，这样的限制提高了移民成本，且减少了移民数量。然而，移民数量的水平和变化取决于移民劳动力的供需曲线以及决定曲线变化的经济条件。移民的供需越缺乏弹性，入境税对控制移民的有效性就越低。因商业周期而产生的劳动力市场状况的变化可能是决定移民流动的最重要的因素，甚至在面对严格限制时也一样。比如，目的地国的劳动力市场紧缩将导致非法移民的激增。

我们用一个极端的例子来说明这个观点。如果高收入国家的移民需求完全无弹性（雇主愿意以任何必要的工资来吸引移民），那么入境限制征收的税款将直接反映为更高的工资，它对移民的数量将没有任何影响。但是，通过改变经济活动中

① 卢卡斯，2004年。
② 这似乎是合乎逻辑的，但是很难进行分析。怀特和其他人（1990年）总结说在1986年《移民改革和控制法》颁布以后的23个月时间里，美—墨边境的担忧下降了，（据他们估计）非法越境人数总计下降了约200万。
③ 见 mmp. opr. princeton. edu/results/001costs – en. aspx。

原籍国和目的地国的移民需求，可以影响移民数量。入境限制的水平将决定非法移民在移民总量中所占的份额，而不是移民数量。

上一观点尽管也说明了一些问题，却不完整，因为入境限制在影响移民成本的同时也影响了移民风险。如果不考虑工资因素，面对移民过程中存在的伤亡概率可能有大量的潜在移民不愿意冒这样的风险。这么说来，入境限制所带来的障碍可能会比单纯的入境税更大。入境限制也会影响就业，高技能工人在他们的专业领域获得就业可能会存在困难，因为各个领域都实行特殊的资格认证，而雇用他们的公司和机构不太可能无视法律。此外，如果高技能工人在本国有不错的选择，那么比起非技术工人，他们将不太愿意非法居住外国。所以，入境限制更可能会减少高技能移民的流入，因为比起非技术移民，他们会"失去更多"。

许多国家非法移民的比例很高，这产生了一些固有矛盾，对移民者和社会产生不利影响，造成执法困难，影响移民规范化，所有这些都会给合理移民制度的建立带来很多障碍。因此，就非法移民问题所采取的政策在权衡执法与经济、社会影响的过程中难免不尽如人意。

不同国家有不同的折中形式，工业化国家结合了边境限制、国内标识要求以及对用人单位的移民法执行情况进行核查等方式。比如，尽管德国实行了较为严格的边境控制政策，但对国内居民和就业单位的控制却是其控制非法移民的基本方式[1]。英国则一直依靠国家的海上边界管制，而非内部控制来限制非法移民[2]。

---

[1]　马丁，2004 年。
[2]　约旦和杜威尔，2002 年。

在美国，入境限制则依靠边境执法（但在很大程度上宣告无效）① 和制裁雇主（也收效甚微②③）相结合的方式。可想而知，如果在政策上能有明确改进的话，那么在设置同等程度的入境限制时，其他社会资源和公民自由的成本会更低。基于发展中国家人口因素和经济快速增长所带来的移民压力，工业化国家应高度优先着眼于政策的改进。

## 移民压力将上升

在未来几年里，上升的移民压力与更严格的移民限制之间的冲突可能会加剧④。

人口发展趋势、科技进步、网络和气候变化都将增加移民压力。

人口发展趋势将增加移民压力。主要是发展中国家人口比工业化国家的更年轻化，增长速度也更快（它们提供了大部分的国际移民）。在工业化国家，老年赡养比（65 岁以上的人口与劳动年龄人口的比例）为24%（见图 6.3）。在可预见的未来，预计该比例将持续上升⑤。工业化国家人口老龄化将增加对服务型

---

① 汉森，2006 年。
② 科尼利厄斯，2005 年。
③ 美国的雇主制裁调查在 20 世纪 90 年代后期和 21 世纪的最初几年里（布朗威尔，2005 年）急剧减少。使用电子数据库对员工的移民身份进行检查对改进执法多了一些保障，尽管数据也会存在错误，而且因其可能对公民权利的侵犯仍然被限制应用（雷格姆斯基，2007 年）。
④ 我们称之为"移民压力"，而不是移民水平，因为这也将受到自然和移民限制效率的影响。
⑤ 高丽洛夫和赫夫莱，2003 年。

（至少对为老年服务型①）移民的需求。与之相反，发展中国家
15 岁以下儿童在人口中所占的比例为 29%（见图 6.4）。在撒哈
拉以南非洲（15 岁以下的儿童占人口的 43%）以及中东与北非
（32%）的许多国家，经济增长的速度不太可能完全吸收庞大的
新增劳动人口就业。

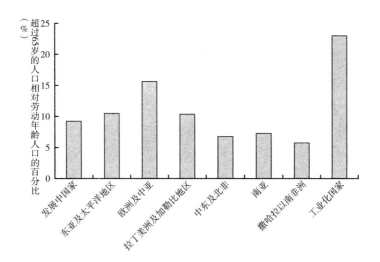

**图 6.3　在工业化国家以及东欧和中亚，老年赡养比较高**

资料来源：世界银行数据。

科技进步也将促进移民。科技进步降低了运输成本（美国
航空旅行的实际成本自 1980 年以来已降低 41%，自 1960 年以来

---

①　老龄化是否将普遍增加对劳动力的需求尚不确定。老龄化也可能会降
低国民储蓄和资本存量，这可以减少对劳动力的需求，因此，老龄化
对劳动力需求的净影响尚不能确定。然而，自然资源对生产的重要程
度如果不是也下降的话，劳动力需求则可能会上升。老龄化也增加了
对年轻的移民劳动力的需求，用以支持失败的社会保障体系（尽管这
仅仅是一个中期的解决办法，因为移民也会变老），而这可能会鼓励
更宽松的移民政策。

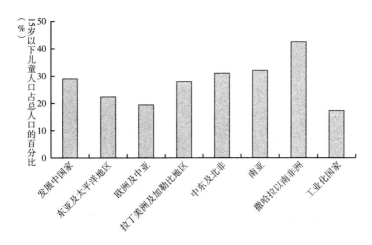

**图6.4 大多数发展中地区儿童在总人口中所占的比例高**

资料来源：世界银行数据。

已降低71%）① 和通信成本（手机的日益普及以及国际电话资费的下降有助于消减与世隔绝的感觉），同时也降低了移民成本。互联网提供了更多有关移民机会的信息，也减少了移民的不确定性。

原有的移民网络也有助于未来移民。那些过去从移民网络中获得可观收益的国家，更可能为移民提供就业机会与条件的信息，赞助出境费用，并普遍减少移民风险②。所以从某种意义上说移民可以实现自我接力。

气候变化是另一个显著压力。土壤侵蚀、低洼地区的洪水侵

---

① 见 www. airlines. org/economics/finance/PaPricesYield. html。

② 关于移民网络促进移民的作用的实证证据，美国方面，巴特尔（1989 年）和芒什（2003 年）；墨西哥方面，莫拉和泰勒（2005 年）以及麦肯齐和拉波波特（2007 年）；亚洲方面，梅西和其他人（1998 年）。相较而言，克里斯曼（2006 年）认为网络不能解释大规模的跨境移民。

扰，气候变化所带来的农业生产力退化，这些都将造成大量的人口不得不转移到地势较高的地方或是具有更高产量的农田。有评估认为这个数字将达到 2 亿（约与 2005 年联合国估计的国际移民总数相当），当然，这些人并不是全部都移民到其他国家①。

## 发展中国家收入的增加将促进移民

发展中国家的经济发展可能会进一步促使移民压力上升。尽管收入上升也可能会鼓励某些原本想要移民的人留在国内，但是其为想移民的低收入国民创造了巨大的新机会。

### 经济快速增长将减少一些工人的移民动力

发展中国家国民收入的快速增长将增加令劳动力留在国内的吸引力，减少其离开的动力（同时也会减少目的地国的移民收益），甚至吸引之前出国的移民回国。在过去半个世纪里，我们可以看到经济的持续增长所带来的净移民的急剧变化。一些迅速增长的经济体（希腊、爱尔兰、意大利、韩国、葡萄牙和西班牙）曾经是劳动力出口国，拥有最少的外来移民，如今它们的收入水平与最先进的经济体接轨了，也就出现了移民激增（见表 6.2）。比如，希腊移民在人口中所占的份额从 1960 年的不到 1% 上升到 2005 年的近 9%，而人均收入从不到美国的 1/5 上升到美国的一半以上。移民数据只能反映外来移民，其实这些国家还有很多原来出国移民的回流，但目前还没有数据衡量。

尽管如此，在相当长的一段时间内，预计工业化国家仍将比

---

① 布朗，2008 年。

发展中国家富裕得多。2050 年，美国的人均收入预计仍将是中国的近 3 倍（见第三章）。因此，发展中国家的劳动力仍很有可能通过国际移民来增加自己的收入。

表 6.2　1960～2005 年移民占人口的百分比

单位：%

| 国家 | 移民<br>（占人口的百分比） | | 个人平均所得<br>（占美国个人平均所得的百分比） | |
|---|---|---|---|---|
| | 1960 年 | 2005 年 | 1960 年 | 2005 年 |
| 希　腊 | 0.6 | 8.8 | 18.5 | 53.1 |
| 爱 尔 兰 | 2.6 | 14.8 | 23.8 | 115.3 |
| 意 大 利 | 0.9 | 5.2 | 27.9 | 72.4 |
| 韩　国 | 0.5 | 1.1 | 5.4 | 41.9 |
| 葡 萄 牙 | 0.4 | 7.2 | 12.4 | 42.0 |
| 西 班 牙 | 0.7 | 10.6 | 13.8 | 62.2 |

资料来源：世界银行数据。

## 因为以下几个原因，经济增长仍可能增加移民数量

经济发展可能会增加移民，尤其是低收入者移民，他们以往因为技术有限、语言文化障碍、旅费和出境费用不足等原因而缺乏移民到工业化国家的机会。随着收入（和教育程度）的上升，移民的能力也将增加，本国和潜在目的地国之间工资的差距虽然在缩小，却仍然十分可观。此外，劳动力流动与经济增长将共同促进移民的增加（像墨西哥与 NAFTA 一样[1]）。

移民增加与收入水平低之间联系的普遍性存在争议（见专题 6.2）。但来自印度和中国的潜在移民供应是巨大的：根

————————

[1]　马丁，2005 年。

据世界银行数据，有 46.7% 的中国人口（超过 6 亿人）和 52.4% 的印度人口（超过 5.6 亿人）日均消费少于 2 美元。广大的农村地区有大量的人没能参与像上海和孟买这样的中心城市的现代化进程。农村居民收入的提高和现代化的扩散将增加移民能力，尽管移民所享有的收入增长只存在边际影响。发展中国家贫困人口的移民能力增加将使富裕目的地国的移民政策面临更大的挑战，这些政策将主要关注如何削减低技能工人移民。

发展中国家收入的增加也可能会增加与移民关联的城市化。过去它们可能表现为农村人口向城市迁移以及城市的增长。城市比农村更有利于了解国际机遇，与国际移民网络建立联系，以及储备国际移民所需的资金。过去，国际移民行为往往与城市化关联。比如，发展沿墨—美边境的马奎拉多拉，就增加了其国内及国际移民的数量①。

经济快速增长也可能吸引来自其他发展中国家的移民，而且由于更大规模的南—南移民，国际移民总量可能增加。现在，发展中国家之间的国际移民在数量上已经接近从发展中国家向高收入国家的国际移民（见表 6.3）。在可识别的发展中国家间移民中，约有 80% 发生在周边国家②。因为同一区域内各个国家经济增长的前景类似，这种类型的跨国移民不可能急剧加快③。但是东亚与南亚发展中国家的快速增长增加了它们与撒哈拉以南非洲地区之间的收入差距，这也许会鼓励更多数量的移民。

---

① 纳塔利，2009 年。
② 拉瑟和肖，2007 年。
③ 跨界短期移民的一个主要原因是利用季节差或商业优势，但移民统计数据应该只能反映停留超过一年的移民数量。

表 6.3　南—南移民可与南—北移民媲美

单位：百万人

| （从……）移民 | （往……）移民 | | 总　　计 |
| --- | --- | --- | --- |
| | 发展中国家 | 高收入国家 | |
| 发展中国家 | 73.9 | 81.9 | 155.8 |
| 高收入国家 | 4.2 | 30.6 | 34.8 |
| 总　　计 | 78.1 | 112.5 | 190.6 |

注：数据均为 2000 年的。
资料来源：拉瑟和肖，2007 年。

### 专题 6.2　关于"移民驼峰"的争论

"移民驼峰"描述了经济迅速增长的国家随着时间推移可能产生的移民曲线：最初随着移民能力的增长，移民数量增加，但随着原籍国与目的地国的收入水平越来越接近，移民数量将下降。"移民驼峰"反映了随着经济的发展，更有能力提供移民初始费用，有更大动力去获得移民汇款，因为更高的收入可以改善当地的金融机制以及因此带来的存储回报①，彼时，人口增长率上升和收入提高将中断。但卢卡斯几乎没能找到关于"移民驼峰"的实证支持。1995~2000 年的净移民率与个人平均所得呈反比。伦德格伦、宅西瓦和齐默尔曼也没有在欧洲移民数据中找到"移民驼峰"的证据②，而纳德从对1965~2005 年撒哈拉以南非洲移民的研究中也得到了类似结果③。

与之不同的是，其他分析者认为经济迅速增长国家的"移

①　卢卡斯，2004 年。

②　伦德格伦，2009 年；宅西瓦和齐默尔曼，2008 年。

③　纳德，2008 年。

民驼峰"意味着从劳动力的净出口国转变成净进口国①——在墨西哥的某个地区②、欧洲南部和土耳其③以及德国移民④中,情况皆是如此。但卢卡斯认为在最后三个地区中,转折(随着收入的进一步增加,移民反而减少)"如此轻微,几乎无关紧要"。

尽管在政策辩论中经常提及"移民驼峰"假说,但它缺乏实证的检验,这反映建立移民流动的决定因素模型的困难。移民供应可能在很大程度上是一个市场现象,但实际也反映了法律禁令及其伴生成本所产生的影响,这是难以估量的。

经济迅速增长的发展中国家也可能吸引海归,并从他们的返还中获利。收入持续增长的预期可能会说服高技能移民认为本国的条件正在改善。如此一来,"金砖四国"受过良好教育的劳动力数量则可能增加,国家也会从中获得动态收益。调查数据表明,仅有6%的印度留学生和10%的中国留学生愿意留在美国⑤。相较而言,增长预期不够强劲的国家则可能出现高技能移民持续流向高收入国家和增长更快的发展中国家的现象。而在未来40年内,大多数主要发展中国家都有望实现高增长(见第三章),这些国家将只有一小部分高校毕业生选择移民国外(见表6.4)。高技能劳动力返还的潜在数量可能不大,而且更专业化和突出的高技能劳动力最有可能移民,从这个意义上来说,海归带来的影响可能比数量所表现的更大。

--------

① 哈斯,2005年。
② 斯塔克和泰勒,1991年。
③ 菲尼和里尼,1993年。
④ 沃歌和罗特,2000年。
⑤ 瓦德瓦和其他人,2009年。

**表 6.4　增长迅速的经济体将大部分高校毕业生留在国内**

单位：%

| 国家 | 预计 GDP 增长<br>2009～2050 年（年均） | 第三级教育移民出国者<br>2009～2050 年（占工作者的百分比） |
|:---:|:---:|:---:|
| 阿根廷 | 4.1 | 2.8 |
| 巴　西 | 4.2 | 2.0 |
| 中　国 | 5.6 | 3.8 |
| 印　度 | 6.2 | 4.3 |
| 印　尼 | 5.0 | 2.9 |
| 墨西哥 | 4.3 | 15.5 |
| 俄罗斯 | 3.3 | 1.4 |
| 南　非 | 4.3 | 7.4 |
| 土耳其 | 4.3 | 5.8 |

资料来源：作者预测；德克奎尔和马福克，2004 年。

## 发展中国家的崛起将影响移民体验

较富裕的发展中国家可以提供越来越多的向工业化国家移民的信息，这些国家的崛起可以提高其国民的移民体验。有些国家积极鼓励向外移民，它们会提供一些国外就业机会。如菲律宾政府，它对国民向外移民有着明确的目标，政府会为移民提供文档处理、招聘机构发证、准移民课程等方面的帮助①。

同样，发展中国家行政能力的提升，也可能改善国民的移民体验。加强招聘机构监管可以减少误导信息，提高市场竞争力。有些国家的招聘机构具备优良的信息渠道，与目的地国雇主之间建立了良好关系，它们积累了相当大的市场力量，能从工业化国

---

①　卡斯特勒斯和米勒，2008 年。

家的移民限制中获得佣金①。此外，发展中国家的资源越来越多，在全球事务中的重要性不断上升，这将使它们可以保护在外国受虐待或剥削的侨民。

原籍国与目的地国都可以从移民中受益。在经济迅速增长的发展中国家，高技能劳动力出国移民的比例可能会下降，而随着运输成本的下降和通信技术的进步，各领域的技术交流可能会增加。比如，在硅谷工作的印度侨民通过投资、咨询服务与创办企业等方式，对班加罗尔高科技走廊的发展产生了重大影响②。国际技术工人和学者数量的增长正在减少移民与本地工人之间的明显区别，这一趋势为发展中国家和工业化国家创造了合作获利的新机会。

然而，发展中国家收入的增长对犯罪团伙的影响变得愈加难以琢磨。比如，俄罗斯黑手党和萨尔瓦多的 MS-13 就通过国际移民网络扩展了势力范围（见专题6.3）。执法资源的增加可以提升执法水平，收入的增加也可以提供更多生计，从而减少成为犯罪团伙成员的动机。但同时，技术的进步也可能使根深蒂固的帮派更加强大，如今，地下团伙正利用互联网进行宣传和实现成员的远程通信③。而且，严格的移民限制和低技能移民的增加也可能会鼓励犯罪。

### 专题6.3　出口犯罪：移民与团伙犯罪

非法移民的涌入往往与犯罪团伙关联，尤其是进行毒品分销的团伙，也包括各种诈骗和暴力活动。种族和民族关系历来是团

---

① 卢卡斯，2004 年。
② 见格里姆斯和所罗门（2004 年）以及莱西（2003 年）。
③ 联邦调查局，2009 年。

伙成员之间加强团结的关键手段。为建立有效的毒品管道，目的地国的团伙常常会受到其原籍国同行的支持。比如，中国和越南的毒品组织与加拿大的亚洲帮派之间就存在关联；总部设在美国的贩毒组织也正在加强与外国基地之间的联系，以求打通非法毒品的直接渠道①。团伙数量正在增加，据美国国家青年团伙中心估计，全美青年团伙成员数量从 1980 年的约 10 万上升到了 2002年的 73.1 万，其中，移民团伙数量也在上升②。最突出的是拉丁美洲裔团伙的扩展，如 MS－13M。联邦调查局估计该团伙仅在美国就有 1 万名成员③。活跃在西欧的则是其东欧团伙成员。

俄罗斯黑手党的传播可能是移民增加促生犯罪最生动的实例。俄罗斯黑手党伪装成逃离宗教迫害的难民来到美国④。但事实上，与布莱顿海滩、纽约、以色列、巴黎和伦敦⑤等地的情况类似，美国境内俄罗斯黑手党的涌入可以追溯到苏联解体时代。苏联的解体、全球化的兴起以及团伙犯罪的机会主义推动了全球影子经济呈指数态势增长，它也许占到了全球 GDP 的近五分之一⑥。

## 在移民问题上的国际合作相当有限

比起对贸易和资金流动的影响，国际协定对移民的影响很小。为什么呢？主要是因为社会影响。

---

① 联邦调查局，2009 年。
② 全国团伙犯罪调查协会联盟，2005 年。
③ 费勒和沃恩，2008 年。
④ 加州司法部，1996 年。
⑤ 英国广播公司，1998 年。
⑥ 格雷尼，2008 年。

## 移民与贸易和金融一体化不同

尽管在经济方面，移民可以产生与商品贸易和金融活动类似的影响，但是吸收新公民与进口货物或接受外商投资所造成的社会、政治影响却大相径庭。因此，政府一直不愿将移民资格的决定权出让给任何国际协定。想要就国际移民规则达成一个像WTO这样的国际协定不太现实（见专题6.4）。

贸易协定谈判通常只被政府用来减少进口壁垒，以此来换取贸易伙伴的类似优惠，这种基本框架很少能适用于与移民相关的国际协定。主要目的地国向外移民往往相当有限，这与主要原籍国很难达成对等协定。而且许多原籍国对向外移民的态度本身就很矛盾，所以它们对增加谈判渠道是否感兴趣目前尚不明朗。

### 专题6.4　将全球贸易原则运用于国际移民

如果把普遍接受的贸易原则应用于移民问题的话，将会产生显著影响。届时，移民限制都将由入境税取代。考虑到移民可以带来的巨大工资收入，入境税将是被大量运用的移民门槛（入境税将积累大量政府收入）。即使保留数量限制，各国却不可以对移民采取歧视——之前，外国移民不能与当地人享受一样的就业机会和政府权益。考虑到经济的周期性和外交政策，国家不能随意改变入境限制。国家对移民资格的认证将受制于他国法院的审查（不会强迫某国采用特定规则或是改变自身决定，但它在违规时可能会受到制裁，如他国对来自该国的潜在移民设置较高限制等），而且为了更有效率，所有国家都必须共同遵守这些规则。

将上述规则应用于移民恐怕不会被普遍接受。很少会有政府同意通过税收来限制移民、允许移民享受同等福利或维持入境限制不变。在移民相关问题上，唯一可以被广泛接受的贸易规定是解决争端的罚款规定，因为这不太可能被高收入国家视为严厉制裁。

各种政治经济利益的冲突也在阻碍与移民相关的国际协定发挥作用。在国际贸易中，强大的国内利益有时会支持反对移民，协定需要平衡移民劳动力、出口商与进口商的利益。比如，进口商可能会降低某些商品的关税以保护其他商品的利益，而出口商可能会支持一个普遍贸易协定，即使有时他们要做出一些让步。对移民劳动力来说，这种平衡更难，因为很难界定特定行业的利益，同时不可能通过给予特别种类工人（如高技能者）或特定行业（如农业工作者）优惠来偏袒某些群体。

更重要的是，往往会有一些群体不能从移民身上得到任何经济利益，而且就传统而言拒绝移民也被视为保证本土纯正性不受外国影响的一种方式。所以，政府向国民推行移民协定的能力比起贸易协定要有限得多。

## 大多数国际协定没有考虑到非受制地移民

欧盟是一个例外，它的一体化原则也包括劳动力的自由流动。开放边界的意愿在一定程度上反映了这些国家共同的历史传承。此外，欧盟国家间的收入非常相似，新成员国预计很快便能与欧盟现有成员的收入水平接近。因此，移民的经济诱因较小，抑或会随着时间的推移减少。即便是收入相对较低的东欧国家在加入欧盟以后，它们在西欧的移民数量也只增加了一倍（2003～2009年）①，这不足以大大扰乱劳动力市场。然而，即使在欧盟

---

① 欧洲委员会，2009年。

成员国内部，要接受低收入和不同文化模式下的移民也不是自然而然的，最近法国和意大利对待罗马尼亚和保加利亚罗姆人的措施就是证据。

但是，通过双边、区域和国际协定来改善移民体验还是存在可为空间，相信未来这些协定在扩大范围和提升重要性方面都会有一些进展。

很多国家都已签订了支持临时或季节性移民方案的双边协定（见专题 6.5）。但这些协定所涉及的劳动力太少了，对于签署国之间的移民流动几乎无关紧要。比如，摩洛哥与西班牙之间的协定每次只允许 700 名工人的流动，而在西班牙曾有超过 20 万的摩洛哥工人[①]。此外，目的地国的承诺仅限于协定明确允许的移民数量，而且一般还保留最终决定权。

### 专题 6.5　鼓励低技能移民的双边协定

有些国家的双边劳工协定历史悠久[②]。从第二次世界大战结束到 20 世纪 70 年代，欧洲各国政府经常使用双边劳工协定来解决劳动力短缺问题；20 世纪 70、80 年代，亚洲石油出口国也经常使用双边劳工协定。20 世纪 90 年代，双边劳工协定数量迅猛增长[③]，仅次于二战后的最初数十年[④]。

在经合组织国家，有超过 176 个双边协定和其他形式的劳动力补充协定生效。据一项国际劳工组织调查，有反馈信息的 92

---

① 哥烈，2004 年。
② 直到 1890 年，德国和瑞士才签署了第一个关于管制劳动力移民的协议（杜兰德，2004 年）。在此之前，1795 年，美国和西班牙为两国国民提供过相关的机构和居住经费（格罗尼米，2004 年）。
③ 格罗尼米，2004 年。
④ 克勒和雷克兹克，2006 年。

个国家中有 **57** 个具有涵盖工人权益、招聘、服务和回报等条款的双边移民协定①。大部分欧洲高收入国家所签订的协议也会将其他欧洲国家（包括欧盟和东欧）纳入。最常见的支持临时移民的双边协定类型是季节性工人协定（通常仅限于随季节变化而就业机会不同的部门，如食宿招待、餐饮、农业和建筑业等）、与合同和项目挂钩的工人协定、工人培训协定以及青壮年假期旅行时的偶然就业协定等②。

　　双边劳工协定可以稍稍增加原籍国合法移民的机会，而且还能帮助返国移民保留他们在国外工作中获得的社会保障。双边劳工协定下的招聘使得工人流动从违规转向常规。比如，有一项关于法国和德国雇主的调查发现，与波兰的季节性协定有助于限制违规移民③。但其实设计这些协定的初衷，本来是为了处理苏联解体后解除移民限制所带来的波兰移民激增难题。而对非法移民存量很大或是具有长期移民网络的国家而言，双边劳工协定对限制非法移民的影响会较小。

　　相比而言，工业化国家与发展中国家签订双边协定则主要是为了限制移民。这些协定通过寻求原籍国在制止非法移民方面的合作或是在限定时间内通过特定渠道遣返非法移民等方式来促进执法。比如，意大利已签署了 **28** 项重新接纳协定来促进违规移民的遣返④；美国和墨西哥也签订了几个关于管制农场劳动力的协定⑤。但有

---

① 该统计不包括仅规定社会保障支出和学员交流的协议。
② 波贝瓦和加森，2004 年。
③ 波贝瓦和加森，2004 年。
④ 波贝瓦和加森，2004 年。
⑤ 一些双边移民协定也反映了其他目标，如改善大众关系，或促进原籍国的发展等。

证据显示，遣返方案收效甚微，成功遣返的往往可能仅仅是那些本来就打算回国的人①。也有一些协定使得很少有人逾期滞留（如加拿大和英国的季节性农业工人方案②③），但这由于这些方案规模小，而且投入了大量的行政资源④。

涉及大量移民的协定往往难以成功制止更多的永久性移民。比如，德国的"工人客"方案（Guestworker Program）具有鼓励长期居住和家庭团聚的手续，结果在方案终止后，永久性移民人数显著上升。美国为移民限制特定雇主或工种的方案导致了该类工种中移民主导性地位的提升，这就为临时移民在签证期满后继续就业创造了机会⑤。

在移民问题上，大部分区域协定和国际机制几乎没有影响力。除了欧盟，其他区域移民协定在移民便利方面都收效甚微。非洲、拉丁美洲和亚洲的区域一体化协定一直在呼吁成员国之间的人员自由流动，但这些规定并没有得到全面落实。比如，东盟计划实现区域内技术工人的自由流动⑥，但是因为该计划超出了打击贩卖人口和放松临时访问签证要求的协定范围，所以一直进展不大。非洲区域组织已采取措施来促成成员国间人员的短期停留，但是离人员自由流动和就业的经济大联盟这一目标仍然

① 索伦森和其他人，2002 年。
② 奥姆拉尼克，2006 年。
③ 阿贝拉，2006 年。
④ 巴索克（2000 年）认为加拿大在招聘政策和手续等方面的实施程序，为工人返回提供了机会，加拿大政府对工人就业和住房相关标准的有效执法，以及它相对较小的程序规模都利于监控。加拿大逾期逗留的人较少也源于加拿大农场规模较小（这样的地理条件鼓励工人与农场主建立私交，从而减少了工人被随意解雇的可能性），而且缺乏相应的社会网络和经济基础设施支持非法移民。
⑤ 马丁，2003 年。
⑥ 东盟，2009 年。

很遥远①。

国际移民组织、国际劳工组织、联合国、经济合作与发展组织（OECD）和世界银行已投入了一些资源来进行研究，力图设置一些便利和保护移民的方案。但总的来说，除了难民保护外，国际合作在便利和保护移民方面贡献不大。而且在移民管理问题上，国际协定影响力提升的可能性也不大。有可能存在的一种折中方案是目的地国承认更多的移民，原籍国则以协助目的地国控制非法移民作为回报。但原籍国对边境的控制普遍比目的地国要少，而且发展中国家在全球经济中变得更加重要，因而也就更不太可能接受这类折中方案。

即便如此，在具有普遍共识的问题上，国际合作还是可以有所作为的。服务贸易总协定可能会促成临时移民。控制贩卖人口，既要限制非法移民，又要保护移民受害者。随着发展中国家收入的上升，它们将有更多的资源来打击反对贩卖人口。此外，联合国和国际劳工组织的国际协定已经提出了对待移民的标准——比如，平等的法律保护、就业机会和待遇的非歧视性、社会保障福利的资格、（子女）获得教育的权利以及获得社会服务的权利②。尽管这些标准可能不具有强制约束力，但它们在促使

---

① 西非国家经济共同体（西非经共体）成员国之间免签旅行最多可达 90 天（皮萨罗，2006 年），但从一开始就只有类似"继续努力改善区域内的人员流动性"的承诺。东非共同体以及东非南非共同市场的公民在成员国家可享受免签证入境（欧科，2006 年），但在过去几年里这一规定收效甚微（见 www. eac. int/component/content/article/46 - eaceconomy. html? start = 6）。南部非洲发展共同体（南共体）在 2005 年签订的关于其他成员国国民每年免签入境 90 天的协定还没有得到充分实施，而南非和津巴布韦已同意放弃最多停留 90 天的双边签证规定（穆雷亚，2009 年）。

② 请参阅：www. migrantsrights. org/convention. htm#part8andwww. ilo. org/public/english/protection/migrant/areas/standards. html。

民主政府公平对待移民，帮助移民诉讼辩护以及提供指导改善移民体验等方面还是有用的。进一步的努力重点可能会放在确保目的地国尊重这些标准上。

# 结　　论

在移民问题上，国际合作的作用被边缘化，于是改善移民政策的重担压到了目的地国的肩上。现行的入境限制加剧了社会问题，而且未能把握住大量增加移民收益的机会。这些负面的影响会随着低技能移民压力的上升而加剧。发达国家移民限制的重点应该从依靠警方行动限制移民，转向加强移民及其后代对社会的融合方面。

国际政策协调在保护移民和改善移民收益方面的失败是令人遗憾的，但这种失败并没有妨碍移民为目的地国、原籍国，尤其是移民者本身带来巨大利益。就这个意义而言，移民、贸易和金融与全球公地很不同。后者的保护是我们现在面临的一个更艰难的课题，如果想要取得进展，政策协调的作用将是必不可少的。

**参考文献**

1. 阿贝拉，马诺洛：《临时移民管理政策和最佳做法》，国际移民与发展国际学术研讨会，联合国经济与社会事务司，意大利都灵，2006 年。
2. ASEAN（东南亚国家联盟）：《东盟移民事务合作行动计划》，雅加达，2009 年，www.aseansec.org/16572.htm。
3. 巴特尔·安 P.：《美国新移民居住在哪里?》，《劳动经济学杂志》，7（1989）：371－91。

4. 巴索克，泰雅：《他来了，他看见了，他留下了——客籍工人计划和不返还问题》，《国际移民》，38（2）：216－38，2000年。

5. BBC：《崛起和俄罗斯黑手党的崛起》，英国广播公司新闻，1998年11月21日。

—— "意大利采用法律遏止移民"，英国广播公司新闻，2009年7月3日，http：//news. bbc. co. uk/2/hi/8132084. stml。

6. 波贝瓦，达妮埃拉和让·皮埃尔·加森：《双边协定和其他形式的劳工招募概述》，刊于《移民就业：处在十字路口的双边协定》，经济合作与发展组织编著，巴黎，2004年。

7. 博斯韦尔，克里斯蒂娜：《英国劳工移民政策：永久的革命》，国际政治研究中心，罗马，2008年，www. cespi. it。

8. 布朗，奥利：《移民和气候变化》，国际组织移民研究丛书31，日内瓦，2008年，www. iisd. org/pdf/2008/migration_ climate. pdf。

9. 布朗威尔，彼得：《雇主制裁的执法下降》，移民政策研究所，华盛顿特区，2005年，www. migrationinformation. org/Feature/display. cfm? ID＝332。

10. 加州司法部：《加利福尼亚州的有组织犯罪：加州立法机关年度报告》，萨克拉门托，加利福尼亚，1996年，www. fas. org/irp/world/para/docs/orgcrm96. pdf。

11. 加西新闻服务，"加拿大人希望非法移民被驱逐出境：民意调查"，2007年10月27日，www. canada. com/globaltv/national/story. html? id＝22dc364c－0bc8－44fa－ad5c－cbb68368f903。

12. 卡斯特勒斯，斯蒂芬和马克·J. 米勒，《移民年龄》第四版，英国汉普郡，帕尔格雷夫·麦克米联出版社，2008年。

13. CBO（国会预算办公室），《美国的移民政策》，华盛顿特区，2006年。

14. 克莱门特，耶稣、费尔南多·皮尤和费尔南多·桑斯，《存在拥堵成本的移民模型：是否与政府规模有关?》，《经济模型》，25（2008）：300－11。

15. 克鲁夫，卡特琳：《法国的移民政策：历史重演?》，世界事务博客网，2007年4月11日，http：//migration. foreignpolicyblogs. com/2007/04/11/french－immigration－policy－history－repeated。

16. 哥烈，迈克尔：《临时国际劳工移民发展对南地中海原籍国的影响：摩洛哥和埃及的对比实例》，移民发展研究中心，全球化及贫困工作纸 T6，英国苏塞克斯，2004 年。

17. 科尼利厄斯，韦恩：《"多余者"入境控制：美国 1993~2004 年间的经验教训》，《种族及移民研究杂志》，31（2005）：775-94。

18. 尤里·达杜什和劳伦·法尔考：《移民与全球金融危机》，《卡内基国际和平基金会政策摘要》83，华盛顿特区，2009 年，www. carnegieendowment. org/files/migrants_ financial_ crisis. pdf。

19. 德国之声：《德国非法移民大赦?》，2005 年 10 月 3 日，www. dw - world. de/dw/article/0,,1513837,00. html。

20. 迪内斯坦，伦纳德和大卫·M. 赖默斯：《族裔美国人：移民的历史》，哥伦比亚大学出版社，1999 年，www. ciaonet. org/~ Vbook/dil01/index. html。

21. 多可奎尔，弗雷德里克和阿伯德斯莱姆·马福克：《技术工人的国际流动性测量（1990~2000）》，政策研究工作文件 3381，世界银行，华盛顿特区，2004 年。

22. 杜兰德，马丁：《结论》，刊于《移民就业：十字路口的双边协定》，经济合作与发展组织编著，巴黎，2004 年。

23. 欧洲委员会，《欧盟扩张的五年：经济成就与挑战》，经济和金融事务总局，布鲁塞尔，2009 年。

24. 菲尼，里卡尔多，亚历山德拉·文图里尼：《贸易、援助与移民：一些基本的政策问题》，《欧洲经济评论》，37（1993）：435-42。

25. FBI（美国联邦调查局）：《国家团伙威胁评估 2009》，国家团伙情报中心，华盛顿特区，2009 年。

26. 费勒，乔恩和杰西卡·沃恩：《夺回街道：ICE 和针对移民团伙的地方执法》，移民研究中心，华盛顿特区，2008 年，http://cis. org/ImmigrantGangs。

27. 弗里曼，理查德 B. 和雷姆克·H. 欧斯登多普《世界各地工资：不同职业和国家的工资》，美国国家经济研究局工作文件 8058，全国经济研究局，2000 年。

28. GAO（美国政府问责办公室）：《非法入境》，华盛顿特区，2006 年，www. gao. gov/new. items/d06770. pdf。

29. 加夫里洛夫、列昂尼德·A 和帕特里克·赫威莱恩：《人口老龄化》，刊于《老龄化百科全书》，保罗·德美尼与杰弗雷·麦克尼克尔编著，麦克米伦参考，2003 年。

30. 格罗尼米，爱德华多：《劳动力移民双边协定：如何就业》，国际劳工组织工作文件 65，日内瓦，2004 年。

31. 吉布森，坎贝尔·J 和艾米丽·雷农：《历史上美国外籍移民的普查统计：1850～1990》，人口司工作文件 29，美国人口普查局，华盛顿特区，1991 年，www. census. gov/population/www/documentation/twps0029/twps0029. html。

32. 焦尔达尼，保罗·E 和米歇尔·鲁塔：《移民政策难题》，CELEG 工作文件 0905，LUISS Guido Carli，罗马，2009 年，www. eui. eu/Personal/ Fellows/PaoloGiordani/papers/immigration - puzzle. pdf。

33. 格雷尼，米沙·麦克马菲尔：《全球黑社会之旅》，兰登书屋，2008 年。

34. 格兰姆斯，安和杰伊·所罗门：《风险资本家预订了往印度的通道》，《华尔街日报》，2004 年 10 月 14 日。

35. 汉森，戈登：《美国的非法墨西哥移民》，美国国家经济研究局工作论文 12141，全国经济研究局，2006 年。

36. 德·哈斯，海恩：《国际移民、移民汇款与发展：神话与实话》，《第三世界季刊》，26（2005）：1269～1284。

37. 德·哈斯，海恩：《摩洛哥的移民变迁：趋势、决定因素与未来情景》，《全球移民展望》28，国际移民全球委员会，日内瓦，2005 年。

38. 亨特，詹妮弗和马耶莱恩·戈捷·路易赛尔：《移民带来了多少创新？》，麦吉尔大学，IZA 讨论文件第 3921 号，2009 年。

39. 《国际先驱论坛报》，《俄罗斯打击非法移民》，2007 年 1 月 15 日，www. nytimes. com/2007/01/15/world/europe/15iht - migrate. 4211072. html。

40. 简德尔，迈克尔：《欧洲非法和偷渡移民人数评估》，国际移民政策发展中心，出席于 1.6 研讨会，国际大都市会议，2003 年 9 月 17 日。

41. 约旦，比尔和弗兰克·杜威尔：《违规移民：跨国流动的困境》，英国切尔滕纳姆：爱德华·埃尔加，2002 年。

42. 克勒·J，F. 拉克兹克：《利于经济发展的移民政策：文献选编》，国际移民研究组织与出版司，日内瓦，2006 年。

43. 克里斯曼，弗雷德：《Sin Coyote Ni Patrón 非狼模式：为什么"移民网络"无法解释国际移民》，《国际移民评论》，39（2006）：4 - 44。

172

44. 拉齐，萨拉，《硅谷创投因印度的市场机会"告吹"》，《商业杂志》，2003 年 12 月 12 日。

45. 雷格姆斯基，斯蒂芬，2007 年。美国众议院代表委员会司法小组委员会上关于移民、公民身份、难民、边界安全及国际法的证词。

46. 卢卡斯，罗伯特・B：《国际移民制度与经济发展》，关于国际移民制度与经济发展等问题的行政组研讨会的报告，斯德哥尔摩，2004 年 5 月 13 日。

47. 伦德格伦，特德：《市场条件下的劳工移民》，摩尔多瓦自由国际大学论文，基希讷乌，2009 年，www. cnaa. md／en／ thesis／14501／。

48. 马丁，菲利普，《治理劳动力移民：21 世纪的临时工计划》，国际劳动学研究所，日内瓦，2003 年。
    ——《德国：二十一世纪的移民治理》

49.《控制移民：全球视野》，韦恩・A. 科尼利厄斯，武行津，菲利普・L. 马丁，詹姆斯・好利菲尔德，221～53，斯坦福大学出版社，2004 年。
    ——《墨西哥向美国的移民》，刊于《北美自由贸易协定的反思：成就和挑战》，加里・C. 赫夫鲍尔和杰弗雷・肖特编著，441～66，华盛顿特区：国际经济研究所，2005 年。

50. 梅西，道格拉斯・S：《无证移民比合法移民工资低吗？来自墨西哥的新证据》，《国际移民评论》21 （1987）：236 － 74，www. jstor. org／stable／pdfplus／2546315. pdf。

51. 梅西，道格拉斯・S，华金・阿朗戈，格雷姆・雨果，阿里・考奥西，阿德拉・佩莱格里诺和 J・爱德华・泰勒：《国际移民理论：回顾与评价》，《人口与发展评论》，19 （1993）：431－66。

52. 麦肯思，大卫和希勒尔・拉波波特：《墨西哥向美移民的自我选择模式：移民网络的作用》，政策研究工作文件 4118，华盛顿特区：世界银行，2007 年。

53. 莫拉，亚治和 J・爱德华・泰勒：《移民的决定因素、目的地和部门选择：解析个人、家庭与社会影响》，刊于《国际移民、移民汇款和发展》，恰拉尔・奥兹登和莫里斯・思琪，帕尔格雷夫・马克米联出版社，2005 年。

54. 穆雷亚，突皮尤：《津巴布韦：Govt, SA 签署劳动力移民协定》，全非全球媒体，2009 年 8 月 28 日，http：//allafrica. com/

stories/200908280072. html。

55. 芒什，凯文：《现代经济中的移民网络：美国劳动力市场的墨西哥移民》，《经济学季刊》，118（2003）：549－99。

56. 纳塔利，克劳迪亚：《国内国际移民之间的联系：政策对发展的影响》，该论文曾出席"城乡联系和移民会议"，国际移民组织，多特蒙德，德国，2009 年 9 月 16 日。

57. 全国团伙调查协会联盟：《2005 年国家团伙威胁评估》，华盛顿，司法援助局，美国司法部，2005 年，www. ojp. usdoj. gov/BJA/what/2005_ threat_ assesment. pdf。

58. 纳德，维姆：《冲突、灾难与失业：撒哈拉以南非洲地区移民的原因》，WIDER 研究论文 2008/85，世界发展经济学研究所，纽约，2008 年。

59. 欧姆拉纽克，伊雷娜：《加拿大》，世界银行智库变更计划草案，2006 年。

60. 奥尔特加，弗兰斯克，乔瓦尼·珀：《国际劳工流动的原因和影响：来自 OECD 国家 1980～2005 年的证据》，人类发展研究论文 6，联合国开发计划署人类发展报告办公室，2009 年，http：//hdr. undp. org/en/ reports/global/hdr2009/papers/HDRP_ 2009_ 06. pdf。

61. 欧科，约翰·O：《东非的移民和难民：东非共同体面临的一个挑战》，刊于《关于撒哈拉以南非洲移民的看法》，凯瑟琳·克劳斯、德里克·戈尔德布隆、尼尔·洛克斯和乔纳森·马夫其兹编著，HSRC 出版社，2006 年。

62. 帕帕得美提鲁，狄米崔斯·G：《非法移民的全球斗争：看不到尽头》，移民政策研究所，华盛顿特区，2005 年，www. migrationinformation. org/Feature/display. cfm？ID =336。

63. 帕塞尔，杰弗雷·S：《美国非法移民画像》，皮尤研究中心，华盛顿特区，2009 年。

64. 佩雷尔曼，马克：《非洲死亡点燃欧洲移民问题论战》，《犹太日报速递》，2005 年 10 月 14 日。

65. 皮萨罗，加芙列拉·罗德里格斯：《特定的群体及个人：移民工人》E/CN. 4/2006/73/Add. 2，联合国经济与社会理事会，人权委员会，纽约，2006 年。

66. 拉塔，迪利普和威廉·肖：《南－南移民与移民汇款》，政策研究工作论文 102，世界银行，华盛顿特区，2007 年。

174

67. 《勒德环球报》，"巴西有 600 万非法移民"，2008 年 3 月 27 日，http：//gl. globo. com/Noticias/Brasil/0,, MUL36530 7 - 5598, 00. html。

68. 里维拉·巴提兹、弗兰西斯科·L：《劳动力市场中的无证工人：美国合法与非法移民的收入分析》，《人口经济学杂志》，1999 年 2 月，91 - 116，http：//faculty. tc. columbia. edu/upload/flr9/MexicanundocumentedImmigrants1999. pdf。

69. 罗特，拉尔夫和迈克尔·沃格勒：《经济发展对移民的影响：理论问题及新的经验证据》，《人口经济学杂志》，13（2000）：485 - 508。

70. 洛桑，罗伯特，《移民对于发达国家的财政影响》，《牛津经济政策评论》，24（2008）：560 - 80。

71. 索伦森，尼娜·尼伯格，尼古拉斯·范·希尔和波尔·爱伯格·佩德森，《移民与经济发展的关系：证据与政策选择》，发展研究中心工作论文 2.6，哥本哈根，2002 年。

72. 斯塔克，乌迪德和 J·爱德华·泰勒：《移民动机与移民类型：相对剥夺感的作用》，《经济日报》，101（1991）：1163 - 78。

73. 《印度时报》，《在马来西亚聚集的非法印度移民》，2006 年 7 月 31 日，http：//articles. timesofindia. indiatimes. com/2006 - 07 - 31/rest - of - world/27812349 _ 1 _ illegal - immigrants - foreign - workers - malaysia。

74. UNDP（联合国开发计划署）：《2009 年人类发展报告：克服障碍：人类移民率与经济发展》，帕尔格雷夫·马克米联出版社，2009 年。

75. 范德·门斯布鲁格，多米尼克和大卫·罗兰·霍尔斯特：《针对发展中国家向发达国家移民增加的全球经济展望》，人类发展研究论文 50，联合国开发计划署人类发展报告办公室，2009 年，http：//hdr. undp. org/en/reports/global/hdr2009/papers/ HDRP_ 2009_ 50. pdf。

76. 沃德瓦，魏威克，安娜·李·萨克森尼安，罗伯特·B. 弗里曼和亚历克斯·萨科夫：《世界上最好与最聪明者的流失：美国的新移民企业家，第五部分》，2009 年，http：//ssrn. com/abstract = 1362012。

77. 怀特，迈克尔·J，弗兰克·D. 比恩和托马斯·J. 艾斯本施德：《美国 1986 年移民改革和限制法与美国无证移民》，《人口研究和政策回顾》，9（1990）：93 – 116。

78. 世界银行：《全球经济展望 2006：移民汇款与移民对经济的影响》，华盛顿特区，2006 年。

79. 宅西瓦，安泽里卡和克劳斯·F. 齐默尔曼：《欧洲劳工移民的规模、多样性与决定因素》，《牛津经济政策回顾》，24（2008）：427 – 51。

# 第七章
# 全球公地：二十一世纪的悲剧？

　　为避免耗尽必要的资源，防止全球性流行病，抑制气候变化，全球协调是必需的，单靠市场无法解决这些问题。

　　要达成可行有效的解决方案，发展中国家的参与也是必需的。但是，发达国家和发展中国家之间以及发展中国家彼此之间存在着收入、技术、政治制度和社会价值观的不同，这些不同使得保护全球公地的相关协定难于达成。

　　如果就问题的重要性存在广泛共识，而且只有少数国家是主要的污染源，环境恶化的成本由它们承担，那么协定就会比较容易达成。这有助于解释为什么全球控制流行病会比防止气候变化的努力更有效。

　　气候变化给全球繁荣和发展中国家经济的持续增长带来巨大威胁。需要在美国、欧洲与中国之间达成协定，科技将在此过程中发挥很大作用。


　　发展中国家的崛起可能会导致环境灾难。如果缺乏国际社会的一致响应和国内政策的改变，未来几十年的气候变化可能会导致沿海地区洪水泛滥，大量耕地沙漠化，风暴破坏增加，物种大量灭绝以及人类健康的进一步恶化。

要避免这样的灾害，并在全球公共产品方面取得进展，需要各国政府的协调。政府间的协调对贸易、金融和移民也很重要，整合途径在前几章中已经讨论过了，政府的自主决策也有积极作用。然而，即便是最大的国家，单靠一国之力，对维护全球公地的贡献也不可能太大。因此，各国都很难有做出必要牺牲的动力，这样一来，政策协调则是必需的。

在保护全球公地问题上，发展中国家的崛起极大地提高了进行政策协调的冲突性和紧迫性①。各国的政策制定者必须进一步了解迅速增加的经济活动对气候和整个环境的影响，同时，还需要更好地了解各个国家在采取补救措施时所面临的客观限制。发展中国家需要更全面地融入支持全球公共产品的努力，这对制订遏制传染病、促进电信技术进步、保护海洋和南极洲甚至外太空等环境资源的全球性措施十分重要。其中，应对气候变化的努力是最突出的实例。

## 关于全球公地的历史看法

有史以来，环境恶化都在威胁着人类的福祉。在古代，农民就发现必须定期休耕以防止土壤流失。对玛雅文明崩溃的原因进行探究，发现它曾经历200年的干旱②，农业潜力与肉食来源也

---

① 全球公地是指那些通过有形和体制手段排除受益者的、成本特别高且一方开采将减少其他各方对资源的可用性的国际公共物品（奥斯特罗姆和其他人，1999年）。本章谈及的一些问题，如传染病、气候变化，严格来说不完全符合这一定义。

② 吉尔，2000年。

已枯竭①。霍乱曾经一度在城市中心肆虐，直到被提供洁净水源，这种灾难才告一段落。历史上的这些挑战纵然艰巨，却基本上是地方性的②。

然而，20世纪后期，经济增长和技术进步将很多环境挑战转变成了全球性的问题。地球人口已经从罗马时代的2.31亿增长到了现在的68亿，换言之，在2000年中人口增长28倍（见图7.1）。在此期间，人均收入增长近13倍，世界产量增加了377倍。人口的增加和生活水平的提高依靠对稀缺资源利用率的极大提升来支持。不幸的是，在过去的2000年中，地球本身并没有太大的改变。21世纪贪婪的经济体与有限的自然资源必然面临冲突。

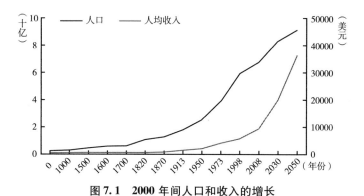

**图7.1　2000年间人口和收入的增长**

资料来源：麦迪森，2001年；作者计算。

乍一听，这似乎有点像声名狼藉的马尔萨斯参数，或是罗马俱乐部的"增长极限"，但它不是。如果潜在的资源枯竭问题可以依赖市场信号来应对的话，其实就不会存在任何危险。比如，地球可供应的铜是一个固定值，从1970年至今，铜的年炼取量

① 毕兰德，2007年。
② 鼠疫和其他传染病曾几乎遍及全球。

已经增加了 2.5 倍①，但炼取铜的难度不断增加，铜的价格不断提高，这就会刺激人们寻找替代品或是去更深的地层和条件更恶劣的地区探寻矿藏。这样一来，铜的可用储量反而从 1970 年的 2.8 亿吨增长到了 2006 年的 4.8 亿吨，而且几乎不需要依靠全球协调来保护这一稀缺资源。市场的供求情况对铜起了作用，但可以预测到的是，我们将永远不会"用光"铜，只是其价格将上升到一个临界点，然后其他材料就会取而代之。

不幸的是，市场价格对没有明确产权的全球公地很难产生影响。比如像清新空气、鱼类和众多其他资源，要保存它们或是为它们的繁殖投资其实是可以做到的，但目前并不存在相关的激励机制。而且，市场价格不能反映外部性因素（生产或消费活动对不参与贸易者产生的显著影响）。在经济活动很少的远古时代，外部因素对全球福利的影响很小；但在经济活动频繁、市场价格不能全面反映碳排放等社会成本的今天，这种影响可能会很显著。

为避免资源枯竭和限制环境破坏，政府规范必不可少。此外，不当的政府政策（比如，现行石油公司税制、直接向渔民提供补贴等）将加重环境破坏。

如果资源的所在地或使用权不限于单个国家或地区，就需要全球协调来限制开采和消除不当政策。如果没有重大的技术突破，又不能对其他行星进行殖民的话，全球协调将是限制地球承载压力过大的唯一希望。

## 发展中国家正在增加全球公地的负担

环境灾难迫在眉睫，大部分责任应当归于工业化国家。它们

---

① ICSG，2007 年。

排放了大部分的二氧化碳，使得全球气候变暖；它们排放了大部分的氯氟烃，直接威胁臭氧层；它们消费了绝大部分的海鱼，导致海洋渔获逐年减少[1]。然而，今天的发展中国家就是曾经的工业化国家，今天的发展中国家似乎正在重蹈工业化国家的覆辙。

随着生活水平的提高，发展中国家的消费者变得更像富裕国家的国民了：他们开着私家车，不再骑自行车；家里的热源和空调依赖矿石燃料；消费要求更大的多样化。就连生产者也在使用更多的矿石燃料，农民依赖化肥，能源依赖型工厂取代了工匠。

此外，发展中国家的企业倾向于使用陈旧和效率低下的技术，这样会造成能源和其他自然资源的更多浪费。比如，据中国国家能源研究所数据，中国每美元 GDP 所消耗的能源比美国多 2.5 倍以上，比欧盟多 5 倍，比日本多近 9 倍。这一差别部分是因为中国生产和消费的产品种类存在很大差别。然而，发展中国家的人均能源消费大约只是工业化国家的五分之一（以公斤石油当量计算），因为较穷国家的生产部门使用的能源少（温饱型农业），使用的生产工艺能源密集度较低。收入较低的人使用的能耗型产品较少（例如，热水浴缸），而且往往更具备节俭意识（比如，他们只在必要时留灯）。

因此，收入上升与环境状况有可能成反比。科技进步既会减少对自然资源的依赖（如用人造纤维来代替天然纤维，通过改良汽车发动机来提高汽油效率等），也会增加对自然资源的使用（例如，汽车的发明提高了对汽油的需求）。同样，富国往往会比穷国花更大的努力来控制空气污染，但富人也比穷人更浪费。

---

[1] 排名前 10 位的鱼类产品进口商占到进口总量的 80% 以上，除中国外都是高收入国家（粮农组织，2008 年）。

总之，发展中国家的经济增长正在加剧对日益稀缺的环境资源的竞争，同时，也提高了碳排放量。而且，发展中国家变富的速度要比今天的富裕国家快得多（美国花了 50 年来使它的人均收入从 1820 年的 1300 美元翻上一番，而 2001～2009 年，中国的 GDP 就增加了一倍，在过去 40 年里，几乎增加了 20 倍）。加之它们的人口比工业化国家多 5 倍，因而它们对环境资源的需求必然是巨大的（见第三章）。随着发展中国家的崛起，保护全球公地有四个亟待加强协调的方面，按重要程度，依次是气候变化、臭氧层、森林覆盖率和电信网络。

## 气候变化

从气候变化中我们可以看到目前的生产和消费趋势所潜在的灾难性影响，以及发展中国家在此方面日益提升的重要性。全球气温正在上升：自 1900 年以来，世界平均气温已上升 0.7 摄氏度①，仅在 1990～2005 年就增加了 0.15 摄氏度②。自 1957 年以来，极高海平面、暴雨和热浪已经变得越来越普遍③。因天气过热而死亡的人数上升，欧洲的传染病媒介也发生了改变④。

据"斯特恩报告"，随着极端气候事件变得越来越普遍，到 2099 年气温将上升 2～3 摄氏度（这是最可能的气候变化情景⑤），

① 斯特恩，2007 年。
② 帕里和其他人，2007 年。
③ 帕里和其他人，2007 年。
④ 帕里和其他人，2007 年。
⑤ 大多数模型假定从工业革命前到未来 50 年间，气温将上升 2～3 摄氏度，并认为任何进一步的气温提高都将带来明显的更为极端的负面影响。警监会估计 1999～2099 年，气温可能增加 1.1～6.4 摄氏度。即使所有的排放量都保持在 2000 年的水平，在未来 20 年，气温也将上升约 0.2 摄氏度，然后以每 10 年增长 0.1 摄氏度的速度增长，直到 2099 年。

届时，人均消费将会并将永远减少 5%，全球经济严重受创，有减少高达 20% 的可能。而且气候变化对某些地区和国家的影响将是灾难性的。暴风雨造成的损失可能会增加一倍，疟疾和登革热将伤害更多人，并可能破坏整体的经济增长[①]。随着干旱地区供水萎缩、多雨地区洪涝增加，发展中地区的食品将变得更加稀缺，而低洼地区将被淹没（例如，雅加达、上海、东京、马尼拉、曼谷和孟买等城市中心，小岛国家，孟加拉国的恒河平原以及埃及的尼罗河三角洲）[②]。

第三章的简单预算[③]说明了需要采取政策减缓气候变化。如果 G20 国家仍然持续 2005 年以来的 PPP 输出二氧化碳和二氧化碳当量排放比，预计到 2050 年，全球气温将上升超过 4 摄氏度。这样的增长对许多发展中国家而言将可能是灾难性的。即便在乐观情景下，到 2020 年，每个国家都履行 2009 年哥本哈根缔约会议提出的（不具约束力的）承诺，然后 2020～2050 年一直保持该排放水平（而非排放产出比率），温度上升仍可能超过 2 摄氏度，仍将出现部分的上述后果[④]。

随着时间的推移，发展中国家将成为更重要的碳排放源。1965～2004 年，富裕国家产生的碳排放总量降低了 65%，而发展中国家只降低 35%[⑤]。2004 年，发展中国家几乎已经占总排

---

① 据高盛和盖洛普，1965～1990 年，存在重症疟疾的国家比那些没有的国家每人每年的收入要少增长 1.3 个百分点（高盛和盖洛普，2001 年）。健康状况恶化和营养不良会削弱人力资本的开发，而这笔钱将越来越多地转移到医疗保健支出上。

② 联合国开发计划署，2007 年。目前，有 10000 亿美元的世界资产存在于目前海平面以上不足 1 米的地区（斯特恩，2007 年）。

③ 详情请参阅附件。

④ 对于国家建议的详细描述，请参阅附件表 A3。

⑤ 厄斯崔德，http：//earthtrends．wri．org，我们的数据始于 1965 年，因为在这一年之前的日本数据缺失。富裕国家被世界银行定义为高收入国家。

放量的一半（见图7.2）。发展中排放大国（如巴西、中国、印度和俄罗斯）可能比大多数工业化国家的经济增长要快，因而，它们占全球碳排放的份额可能会进一步上升（在上一段提到的乐观情景中，占全球温室气体排放量的73%）。所以，确保发展中大国参与排放限制对抑制气候变化而言十分关键。

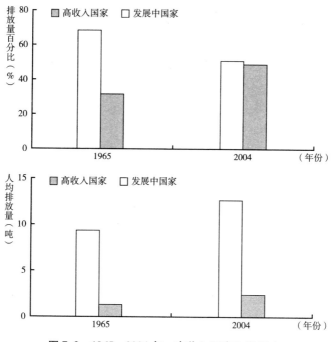

图 7.2　1965～2004 年，高收入国家和发展中
国家的二氧化碳排放量

资料来源：www. earthtrends. wri. org。

　　尽管发展中国家对气候变化的影响更大，但是它们的人均影响却要远远小于富裕国家的人均影响（见图7.2）。中国现在是最大的碳排放源，但中国的人均排放量却不到美国人均排放量的四分之一。而且，中国的能效可能会提高，即便中国的经济增长速

度持续地远远超过美国（其实，第三章已经说明了这是不可能
的），那么，其人均排放量要达到美国的水平也至少还要几十年。

## 森林覆盖率

在未来50年里，发展中国家可能会将10亿公顷的自然生态
系统（面积比美国大）转化为农业用地，这将进一步恶化全球
环境①。1990～2005年，全球热带雨林覆盖率下降了8%（见图
7.3）。森林覆盖率减少，二氧化碳被吸收的速度也将减慢，这将
加速全球变暖。据估计，热带雨林的固碳速度与2004年1月欧
盟释放碳的速度大致相同②，而最新数据表明，热带雨林的固碳
能力正在急剧下降③。

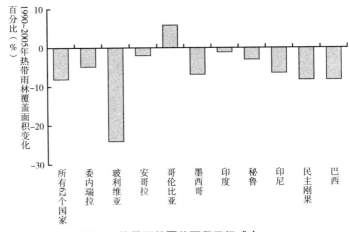

**图7.3 热带雨林覆盖面积已经减少**

注：包括具有某些潮湿热带雨林类型的62个国家。
资料来源：http://rainforests.mongabay.com/deforestation_alpha.html。

---

① 劳伦斯，2006年。
② 刘易斯和其他人，2006年。
③ 艾尔裴琳，2009年。

亚马逊森林的损耗和分裂能显著改变全球各地的降雨模式。比如，美国中西部的降雨可能大幅减少①。而随着自然栖息地的减少，以及农药的大量使用，物种灭绝的速度将比前人类时期要快 100～1000 倍②。生物多样性的减少可能将使某些生物药品和宝贵原料永远消失。

## 臭氧层

发展中国家还产生了其他威胁全球可持续发展的污染物。比如，20 世纪 80 年代，大家都知道了使用气雾罐和空调会向大气中释放氯氟烃（CFC），氯氟烃可以造成臭氧层穿洞，会增加皮肤癌的发病率。1987 年各国签订《蒙特利尔议定书》，同意逐步淘汰氟氯化碳，这是近年来全球协议在保护环境方面的显著成就之一。但是直到 20 世纪 90 年代后期，发展中国家的氟氯化碳产量却仍在增加，（某些国家）到 2010 年，才停止损耗臭氧层的主要化学品的生产和消费③。发展中国家还向那些不想转向无氟氯化碳技术（主要是空调）的工业化国家消费者非法出售氟氯化碳。尽管随着使用氟氯化碳的旧机器被淘汰，这种贸易频率可能会下降，但是几年前的氟氯化碳非法贸易额估计达到 7000 吨至 14000 吨④。

# 电信网络

发展中国家已经成为重要的高科技服务消费者。尽管其互联

---

① 安伟萨和其他人，2006 年。
② 奈杜和阿达姆维茨，2001 年。
③ 比如，中国 2007 年比 1998 年减少生产了十分之一的氟氯化碳（GAIA 运动，2007 年）。
④ www. goodplanet. info/eng/Contenu/Points - de - vues/Illegal - Trade - in - Ozone - Depleting - Substances/（theme）/309。

网的人均使用率仍然很低（发展中国家每 100 人中平均只有 12
个互联网用户，而工业化国家有 70 个，见图 7.4），发展中国家
在全球互联网连接中所占的份额却已经从 1995 年的不到 5% 上
升到了 2007 年的 50%。其手机和其他无线服务的快速扩张也使
得无线电频谱日益稀缺。

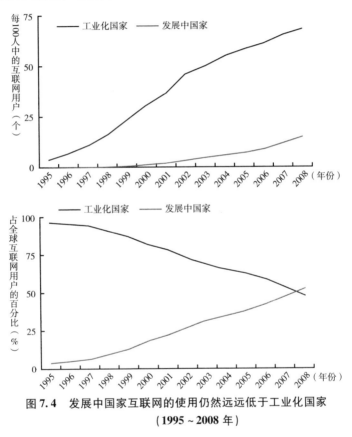

**图 7.4　发展中国家互联网的使用仍然远远低于工业化国家**
**（1995 ~ 2008 年）**

资料来源：世界银行数据。

　　当然，发展中国家对高科技服务需求的增加对其他国家有时
也是有益的。网络往往会随着用户数量的增加而实现价值增加

（尽管为适应日益增多的用户，需要不断进行技术升级），它们更多地使用互联网，因而可以产生全球利益。但是，发展中国家不断增长的网络需求可能会增加稀缺无线电频谱的负担[1]。

而且，虽然发展中国家的作用日益重要，但是它们在互联网（无线电频谱）治理上的影响力却是最小的[2]，部分是因为它们缺乏专业知识[3]。例如，发展中国家在互联网治理决策技术论坛上的代表相当有限[4]。随着其对高科技服务的依赖不断增加，发展中国家有可能会采取更积极的立场来确保其对服务的控制（见下文中关于互联网的讨论）。低地球轨道和中地球轨道卫星使用的无线电频率以及地球静止轨道的数量都相对稀缺，这可能会加剧各国在电信通道上的竞争[5]。

## 发展中国家和工业化国家之间的差异如何影响政策协调

发展中国家的重要性日益增加，因而国际谈判也需要相应变化，这样才能提高全球协调的实施效率。如果要发展中国家参与解决方案，那么它们在设计上必须要有发言权。工业化国家内部之间就解决一些全球性问题的框架达成一致，然后将此作为一个既成事实交由世界各国去批准，这种模式已不再可行。作为全球经济协商的主要论坛，G20 取代了 G8，就是这种转变的突出体现。

---

[1]　然而，频谱稀缺部分是由于错配和无效使用，这可能占到可用频谱支配总价值的一半。此外，技术创新可以缓解频谱稀缺（维勒纽斯和内托，2006 年）。

[2]　萨度斯基和其他人，2004 年。

[3]　麦克莱恩和其他人，2002 年。

[4]　非洲经济委员会，2005 年。

[5]　雅克胡，2000 年。

但是，发展中国家的参与可能会将谈判复杂化。只是简单地增加谈判参与国的数量可能会难以达成协定。在联合国委员会关于和平利用外空的主要事务上，发展中国家的参与使得共识很难达成①。发展中国家与工业化国家之间（以及发展中国家彼此之间）在收入、技术能力、政治结构和社会价值观方面的巨大差异使事情变得更为复杂。

但是，一旦能够达成协定，发展中国家的参与不仅可以使结果更为公平，也会更有效。发展中国家会大大拓宽干预措施的覆盖面，对于全球公地而言，发展中国家的干预措施产生的效果可能更大。

在减缓气候变化方面的谈判可以最清楚地体现国家之间的不同会如何影响谈判，同时，也能反映出道德困境上升的可能。发展中国家尚有约10亿人长期处于温饱线，它们只能为其绝大部分人口提供基本需求。发展中国家比高收入国家更看重短期收入率的价值变化，这很好理解。它们"两害相权取其轻"，所以可能更愿意冒长期损害的风险，而不愿意降低自己现在已经相当微薄的收入。

中国（现在最大的碳排放源）和印度的人均收入分别只有美国的6%和2%（如果按购买力平价计算，分别为13%和6%），它们很有可能会抵制对本国的排放限制，并且理所当然地认为应当更多地削减富国的排放量。由于气候变化对各国影响的时间和具体状况尚未可知，贫穷国家可能更愿意冒气候变化的风险来换取本国经济的增长。

此外，在发展中国家和工业化国家的排放限额分配上，出现了严重的道德困境。人们肯定会认为发展中国家不应该根据它们

---

① 巴克，1998年。

在目前排放量中所占的份额来承担相应的减排比例，因为历史上它们的排放比例相对较小，而且它们要实现会议减排目标的话，福利成本会更高（在收入较低时，减少收入更为痛苦）。有提议为每个国家制定各自的长期减排路线，在开始一些年份发展中国家可能削减得少些，随着它们收入的增加和技术的进步，削减程度相应增加①。但是，当前政府的长期承诺存在信誉上的不确定性。

尽管存在上述诸多问题，为了减少气候变化并达成有效的解决方案，让发展中国家参与限制二氧化碳排放量是必要的。斯特恩报告对气候变化的审查界定了当采取措施的边际成本与碳排放的边际社会成本相等时的有效碳减排②。如果在这些计算中使用的贴现率设置得太低（即表现为高收入消费者的时间偏好），那么所采取的政策将不会有效。因为发展中国家的利益将在未来占有更大的比例（它们在人口和收入增长上比工业化国家更快）③。

尽管工业化国家和一些发展中国家在气候变化问题上采取的立场往往相反，但是如果充分考虑到气候变化对各国的预期影响，工业化国家和发展中国家还是有可能组成联盟的。比如，贫穷的岛国和热带国家，从气候变化中所遭受的会多得多，它们可能会主动争取更严格的限制。然而，在气候变化问题上，发展中国家和工业化国家之间的潜在冲突又是巨大的。关于碳排放的争

---

① 见"设计后的京都气候制度：国际气候协定哈佛项目的经验教训"。

② www. hm - treasury. gov. uk/stern_ review_ report. html。

③ 较快增长的发展中国家所青睐的贴现率最能促进气候变化，它很可能要高于增长较慢的工业化国家。消费增量对于消费水平低的国家比消费水平高的国家更重要。如果收入和消费在未来将高得多，那么目前较低的个人消费水平将比预期的未来水平有更大价值，这意味着未来消费将有高贴现率。

论可能会危及全球贸易体系（富国试图对污染出口国强加关税），甚至可以想象，终将威胁世界和平。比如，富裕国家为实现富国的生活方式而采取更直接的行动来压制发展中国家的排放量。

技术能力的不同也使国际政策协调阻碍重重。在第三次海洋法会议（1973～1982 年）上，技术能力及资本有限的发展中国家认为深海采矿应该由一个国际组织监督，而且收入应当分配给所有国家。而工业化国家则想组织一个国际索赔登记簿来避免边界争端，而且还将深海采矿交由私人开采[1]。不同的角色位置带来了一个重要的道德困境：没有任何国家地理边界的资源到底是作为"人类的共同遗产"，所有国家都利益均沾呢？还是只属于那些拥有技术和资金的国家，让它们先获得利益？

20 世纪 90 年代中期，就深海采矿问题的协定尘埃落定。最终条约确认的原则是海底资源为"人类的共同遗产"，并且建立了监管机制来监督深海采矿[2]。但是，协议要求企业付出高昂的许可费给国际监管机构，而且取消了向发展中国家提供技术进行采矿作业的条件。无论如何，尽管所有主要参与国（富裕国家政府、发展中国家政府和采矿公司）都会对这个协定有不满意的部分，但它毕竟奠定了一个基本的框架，在此框架下允许私营公司开采，同时，各方也认识到海底资源的全球共享权利。因此，虽然发展中国家的参与可能会使协定更加难于达成，但是从结果来看，这比那些完全忽视发展中国家利益的协定要更公平，也更有利于资源的可持续利用。

其他实例也说明技术能力差异将增加全球协调的紧张局势。

---

[1]　巴克，1998 年。

[2]　布朗，2006 年。

穷国和经济增长迅速的国家发出声明，要求拥有比与现有能力和经济分量相应的资源份额更大的权利，这使全球公地使用的协定复杂化。比如，赤道附近的发展中国家已经声明其对地球静止轨道通信卫星位置的权利，尽管目前这些国家还缺乏发射卫星的能力。1979 年，发展中国家宣布了它们未来需要的雷达频率份额，因为它们担心将来有能力时，频率可能不够用①。虽然发展中国家的这些要求使得谈判复杂化，但这将使结果更加公平有效，也会使得一定份额的资源属于真正需要它们的国家，并得以更好地使用。

技术进步也可能给工业化国家和发展中国家之间带来新的摩擦。比如，在渔业方面，"工厂船"可以捕获和处理的鱼数量巨大，这已经威胁到许多传统捕鱼区的可持续发展。过度捕捞和洄游鱼类的枯竭加剧了限制捕捞鱼类的必要性（粮农组织估计，全球鱼类存量有近 30% 被过度开发、耗尽或再捕捞，而 50% 已被充分开发）②。设置和执行一个能合理平衡工业化规模和传统捕鱼利益的限制困难重重，尤其目前鱼类存量的信息有限，而且许多发展中国家区域的渔业行政组织环节薄弱。

即便存在行动的意愿，脆弱的公共管理体系也使得发展中国家难于实行。比如，洄游鱼类的可持续管理关乎所有捕捞国和消费国的利益，但许多控制近海渔业的发展中国家缺乏技术和能力来监控鱼类数量和控制过度捕捞③。同样，公共行政资源投入的有限使得控制土地使用、森林砍伐，分发避孕套和治疗艾滋病，快速有效应对流感疫情迹象以及执行污染标准等这些事物变得很

---

① 维克曼，1982 年。
② 粮农组织，2008 年。
③ 世界银行，2007 年。

难。尽管发展中国家之间的行政能力差别也很大，但是在国际国家风险指南（ICRG）中，发展中国家某些行政能力指标（如官僚质量和腐败程度）的平均值仅为高收入国家平均值的一半左右（见图7.5）。

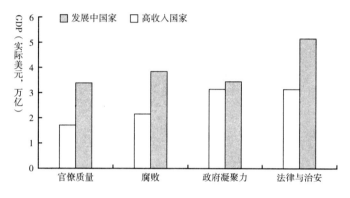

**图7.5 行政能力指数**

注：指数根据调查数据确定。所有指数的最低值为0，官僚质量和政府凝聚力指数的最高值是4，腐败和法律与治安的最高值为6。数据为2009年6月的平均数据。

经济增长最快和较为成功的发展中国家往往比极贫穷国家拥有更好的管理能力，但是在全部国土和所有部门中可能不平衡，例如，莫斯科和高加索农村地区，上海和中国西部以及孟买和奥里萨邦等地区之间的收入和公共管理就差别很大，这也使得它们不愿意轻易做出承诺。

发展中国家政府的专制和不负责任有时也使得全球协调更加艰难。例如，空中旅行成本低、使用广泛，它是传染病在最初暴发时能否得以迅速应对的关键。但是，发展中国家政府有时阻碍了这些方式。在1970年的霍乱疫情中，伊朗和埃及将霍乱报告驳回，将其描述为"夏季腹泻"；同时，几内亚谴责世界卫生组织（WHO）关于霍乱发病率的调查结果并将其从组织撤回①。最近，中国在出现第一例非典暴发 4 个半月后才通知世界卫生组织②。一些发展中国家对于信息和新闻的控制使得隐瞒信息比发达国家更容易③。但是，随着经济的发展，信息控制变得更难。2003 年，互联网、电子邮件和移动电话使得中国当局不可能长期封锁非典的信息④。

然而，由美国发端的民主国家国内的详尽检查和制衡也可能使全球协调更为艰难。例如，由于美国当局不批准包括《京都议定书》在内的一些国际条约以及众多贸易协定，这些条约或协定要么已经失效要么执行较差。因为考虑到它们不大可能被美国国会批准，许多其他的潜在协定也已经放缓或停止（如多哈回合贸易谈判）。

文化、社会规范以及政治制度的不同也影响着全球协调。美国商务部谅解协定指定美国一家非营利性组织来控制互联网公司的分配域名和互联网协定编号。长期以来，其他国家（包括其他富裕国家）一直都在质问为何一个重要的国际通信载体要由一个单一国家主宰？然而，美国一直在保持削弱互联网开放性和互操作性，这个开放互联网的倡导者担心某些特别关注负面材料的发展中国家（如痛恨互联网色情的伊斯兰社会）以及那些控制互联网渠道以保护特定政治制度的国家的影响力。

总之，尽管发展中国家在全球公地上的影响不断增加，但它们与工业化国家之间的不同使得达成改善全球协调的协定更为艰难。然而，发展中国家的参与也可以使结果更加公平有效。

---

① 《时代周刊》，1970 年。
② 卡瓦列罗·安东尼，2005 年。
③ 当然，许多发展中国家也享受免费新闻和开放的信息渠道。但发展中国家对新闻自由的限制比工业化国家要普遍。
④ 菲德勒，2004 年。

而忽视发展中国家的利益，势必使结果明显不公平，而且效率
低下。

## 以往和目前政策协调方面的教训

《京都议定书》是国际协调在至关重要问题上失败的突出案
例。它努力平衡利益分歧，并产生了较务实的温室气体减排目
标，但未能争取到主要排放国的参与，包括中国、印度和美国
（批准失败）。这就削弱了协定的合法性，显得无的放矢。

当然，也有在全球性问题上实现合作的例子，如保护臭氧层
的《蒙特利尔议定书》，一些避免洄游鱼类过度开采的区域协定以
及分摊电信频率的协定。通过研究这些（相对）成功的案例，我
们可以得到一些关于什么问题最适合进行全球协调以及如何实现
方面的见解。这些经验以后可以应用于评估协调主要问题的难度。

那么，在什么情况下协定最有可能成功呢？

- 就问题的重要性和严重程度有广泛共识。
- 仅有少数几个国家是问题的主要制造者。
- 环境恶化的成本很大程度上是由主要制造者承担。
- 问题的解决途径能提高参与国的经济效率，而非为避免稀
缺资源过度使用而增加的竞争。
- 谈判以一种正确的步骤进行。

全球协调的协定一般需要对问题存在普遍共识，这很重要，
也更易于协定的推进。对于诸如气候变化和臭氧层威胁等许多问
题，涉及相关研究领域科学家之间的共识。可以说，是两件事情
促成了《蒙特利尔议定书》。一是科学家对于氟氯化碳排放的严
重影响存在普遍共识。如果没有《议定书》及其带来的政策变
化，估计到 2050 年，臭氧消耗将会导致额外的 1900 万例非黑色

素瘤皮肤癌和 150 万例黑色素瘤①。二是由科学家和环保团体共同参与谈判。

即使在检测不需要科学分析的领域，科学家们往往也能在解决方案中发挥作用。比如，当特定鱼种的可用性下降时，有经验的渔民也许能辨别出来，但要获得现有存量和枯竭率的精确测量，科学技术就必不可少了。更具有戏剧性的是，因为流感传播对福利构成明显威胁，在激励公共机构协调检测和隔离病例时，没有必要进行科学分析。因而，世界卫生组织有权采取超常措施（如未经成员国政府同意就宣传禽流感事件），而受影响国家也只进行有限的抗议②。但是，仍然需要科学分析来设计控制流感疫情的方法（如疫苗生产）。

科学知识的缺乏还可能妨碍其他领域的进展。例如，因为关于采矿对神秘海底环境的影响知之甚少，控制深海采矿的规则就很难设计③。

参加谈判的国家越少，就越容易达成一致意见和服从监督。例如，《蒙特利尔议定书》可以消除发达国家消耗臭氧层物质的 95% 和发展中国家消耗臭氧层物质的 1/2 到 3/4④，估计臭氧层有望在 2050 年愈合⑤。在谈判以前，工业化国家占氟氯化碳排放总量的 80% 以上⑥，因此有限的谈判者数量能够使限制氟氯化碳取得真正的进展。这也可以为那些有类似收入的主要国家提供

① 环境规划署，2008 年。
② 菲德勒，2004 年。
③ 比如说，博内和其他人（2006 年）讨论了拟议的深海采矿项目对环境影响的不确定性（巴布亚新几内亚的海岸下的普莱斯多姆）如何使应对环境退化的保障难以设计。
④ www.igsd.org/montreal/index.php。
⑤ 哈里森和马特森，2001 年。
⑥ 环境规划署，2008 年。

借鉴，因为它们所面临的经济增长与污染之间的交换代价相似。此外，各国习惯于就一系列问题进行合作，由此形成达成协定的某些激励①。另一个例子是限制过度捕捞的国际协定，对若干种只经过几个国家水域迁徙的捕鱼限制已经得到了有效实行，然而，对那些经过公海迁徙的鱼种限制所取得的进展则较少，因为公海的环境保护需要所有具有捕捞能力的国家来共同支持②。

限制谈判者数量与国际论坛（如联合国）参与国多多益善的情况形成鲜明对比。一些国家往往迫切要求联合国交涉，或是要求协定在许多国家之间达成共识，这些有时是为了争取利害关系很小的国家在政治上的支持。尽管这种战术在联盟或交换支持时也有裨益，但也会给必须通过限制国家数量和集中解决问题的协定谈判带来过多的参与国和外来因素。

不过，如果将一个关乎全球性资源共享问题的谈判者数量限制在少数"关键成员"中，则可能会被非参与国视为不公平和非法。因此，制定适当的条约来处理协定的非参与国意愿是至关重要的（下文将进一步讨论）。

如果造成问题的国家也承担着影响的主要份额，那么全球协调会更容易。在极端情况下，如果污染源和影响限于一个单一的政治管辖，那么全球协调就不必要了。比如《蒙特利尔议定书》，它就由数量有限的主要污染国（加拿大、德国、挪威和美国）领导，它们很有意愿加入，因为北极上空的臭氧损耗对其居民特别容易造成伤害。控制传染病的国际协调也比较容易，因为最先发现疾病的国家很可能首先遭受

---

① 当然，各方之间存在争议的问题的影响也可能会阻碍协定：比如，谈判者可能不希望"示弱"，因此不愿做出妥协，或者各国可能坚持以其他领域的让步作为协定的条件。

② 大多数远海底栖生物物种被认为未被治理，粮农组织，2004 年。

流行病困扰。

有些问题本身就比其他问题协调起来更容易。一个提升公共资源效率的协定，如摊派无线电频率或保障电话、邮政服务和互联网等电信设施，往往会比限制利用有限资源（如洄游鱼类）的协定更容易成功。前者明显是正和游戏，协调可以提高效率；而后者，至少在短期内是零和游戏，为了未来的资源可用性需要限制当下有利可图的经济活动。

前一种协定本身也更容易随着时间的推移和新技术的发展而演变，而后者则可能需要根据目前的情况来寻求全面解决。但是，提高技术协定的达成效率可能会造成问题的解决范围缩小。例如，关于分配 IP 地址（互联网协定）与保护互联网开放性和互操作性存在着全球性争论，而在其他影响互联网治理的重要问题上，进展一直很少，如知识产权、隐私、警方的网络空间、垃圾邮件以及儿童色情作品等。

目前为止，我们一直强调的都是那些使实现国际协调变得更为艰难的问题的内在性质。但是，谈判框架也可以影响成功。国际协调应该被视为路径依赖型：如果一开始就选错了路，那么它可能很难再回到正轨。也就是说，以往协定的先例在后续修订的谈判中会发挥作用。例如，《京都协定书》授予了发展中国家排放限制豁免，尽管它出于正当理由，却使得当前气候变化谈判中的排放量限制更难以实现。

一般而言，以长期有效原则为基础的协定比临时性的让步更可能为成功奠定基础。

## 对未来政策协调的启示

国际协调成功案例的经验对促成关于气候变化方面具有约束

力的全球协定的影响并不乐观，各国倾向于寻求一个不过激的办法。这些经验对于达成控制传染病方面的协定更具有积极意义。

气候变化具有一个棘手问题的所有特性。尽管存在科学证据支持立即采取行动控制二氧化碳排放量，但即使在科学界内部，关于气候变化的方式和发生率都存在巨大的不确定性。许多国家的公众对于气候变化是人类活动的结果这一说法仍持怀疑态度。对历史气候变化的分析极其艰难，而对未来的预测又充满重大争议。结果，变化论的反对者表明各种异议，甚至有科学家完全否认气候变化的威胁[①]。

排放大国的数量在不断增长，而且各个不同。除了两三个最大的排放国以外，每个国家的排放量与其对该国气候变化的影响无直接关联。所以，尽管大多数国家最终都可能被影响，然而排放最多的却并不一定受到最严重的影响（例如，美国相对收入所面临的潜在损失就没有孟加拉国的大）。这样就减少了为控制温室气体排放做出牺牲的激励。更麻烦的是，那些对于这一问题负有历史责任和有责任支付保证金的国家之间存在分歧，它们倾向于回避公平分担责任的讨论。

要在限排类似的协定上取得重大进展，就需要以牺牲经济增长的代价来换取子孙后代的利益。而且有时不见得能产生一种明确的收益，比如电信管理的协定。

可以说，全球气候变化谈判从一开始就迈错了步。尽管仅仅

---

① 不同科学家对于气候变化所造成结果的最重要方面存在异议。有人声称已观测的地球温度上升与过去的周期类似，而且人类对于促进气候变化的作用是微不足道的（布鲁斯卡，2009 年；辛格和艾弗里，2005 年）。有人发现全球气温并没有明显的趋势，或者说未来的气候变化是不可预知的（林德曾，2001 年）。还有人认为温度可能会上升，但这对于福利将没有明显影响（迈克尔斯，2008 年）。

8 个排放大国就占了约 85% 的排放量，包括砍伐森林的影响，但谈判试图将此作为联合国进程的一部分，从而达成一个近 200 个国家的全球性协定。一开始就涵盖这么多国家，现在自然骑虎难下。

总之，气候变化本来就是一个很难协调的问题，尤其是在目前通用的谈判框架下。在未来协定中将参与国限制为"关键成员"，即最大排放国（最初涉及欧洲、美国、中国）的步骤必不可少。而将其他国家纳入规定也是必需的，可以考虑用适当的补助来鼓励它们参与。重新推动可替代能源的研究也同样重要。将来，技术进步将大大推动减排，而且政府将不得不承认为了公共利益，需要加强低碳能源的公共投资。

即使没有有效的国际协定，也可以通过区域、国家和地方政府的行动来取得进展。例如，欧盟已经建立碳排放交易市场，并在 2007 年通过立法设置了新的客车排放标准。美国环境保护署则采取了各种治理行动来限制温室气体①。

将成功经验运用于控制传染病方面的激励是相当大的。所有正常接触现代运输服务的国家都必须为避免疫情做出一部分努力。现代航空运输几乎可以瞬间传播流感，各国要将潜在的流感携带者挡在境外是相当困难的。

几乎所有国家都有各自应对潜在流行病的措施，这给达成统一协定和遵守共同规定带来了巨大阻碍。但是，控制传染病更适合通过全球协调来解决。尽管就隔离和疫苗效率问题仍然存在争议，但就控制疾病传播的必要性却很少存在分歧。此外，由于所有国家都可能被传染病大大影响，所以都有动力通力合作限制疾病传播。

---

① 见 www. epa. gov/climatechange/initiatives/index. html。

# 前进的道路

　　正如我们一直强调的，发展中国家的崛起可能会使全球协调变得更为艰难，因为需要参与的国家数量更大了，而且许多新参与国和工业化国家之间存在众多差别。然而，为实现公平有效的解决方案，它们的参与正变得越来越重要。

　　一个行之有效的原则是：谈判应限制一个取得足够进展所需的最低参与国数量。就气候变化而言，可能涉及主要排放大国；就渔业而言，可能涉及控制鱼类迁徙经过的国家（或者，就远海洄游鱼类而言，可能涉及主要的生产者和消费者）；就生物多样性而言，可能涉及拥有大量原始森林和丰富生物种群的国家；就海底采矿而言，可能涉及拥有相关技术的国家（但就行使否决权的权力而言，可能涉及更广泛的团体）；就互联网而言，可能涉及用户大国以及用户小国代表；就传染病而言，则可能涉及所有国家。

　　随着情况的变化，可能需要涵盖更多国家的机制，才能确保协定的合法性，并适应存在问题以及各国间经济关系的变化。

　　当参与国具有技术优势时，这一点就尤为重要了。最显著的例子是南极洲的深海采矿和开采。如果要达成一个有效协定，最简单的莫过于将谈判方限定为有相关开发技术的国家，但是如果就让这么少数几个国家用尽全球性的资源，也不可能被视作公平。因此，为确保公平对待非参与国并合理排除不能参加的国家，就需要一些条约。例如，将南极洲的资源再保存几年，可能会使原本被排除在外的国家更有机会加入。

　　限制开采海油的谈判有点不同，即技术能力对于开采资源不是必要的。因为参与协定的话，就意味着可能要放弃经济活动利益的代价。因而，各国可能不会反对自己被排除在外，并可能继续以"搭便车"的方式开采资源。而协定的缔约国可以提供补贴鼓励非缔约国家限制污染，并加入主要污染国之间达成的协定。由此看来，先在主要参与国之间达成协定，然后资助其他较小成员国加入其中，这可能会比在谈判中一开始就涵盖所有国家更容易成功达成有效协定。

促进技术协调的协定则最容易吸纳大量的参与国。合作的好处对所有相关者都很明确，而参与的成本又微乎其微。因此，要在所有国家之间达成一项初步协定，或者初步排除不加入的国家，是相当容易的。例如，分配无线电频谱和网络的协定所涉及的国家数一直在相对平稳地增长，20世纪初仅有主要欧洲列强，到1947年，国际电信联盟作为联合国专门机构成立，联合国所有成员国都参与了进来。

总之，此类机制的规定应当包括区分非参与国与批准后新加入国的处理办法。假如限制二氧化碳排放量的协定能在主要污染国之间达成，它的规定可能还需包括以下一些内容：非参与国不会受到参与国处罚（如通过贸易制裁），新加入国将会受到与原参与国类似的排放量限制，新加入的发展中国家将与最初加入的发展中国家享受同等的补贴和技术转让资格。

要克服发展中国家给国际协调带来的困难还需要更大的努力。富裕国家可以考虑为发展中国家提供相关技术，并为它们提供遵循协定所受经济损失的部分相应补偿。就气候变化而言，发达国家可以提供技术来提高发展中国家的能量效率，同时也为它们减少排放量项目提供资助。《蒙特利尔议定书》创建专用资金转让氟氯化碳排放替代物技术的范式行之有效，它鼓励和推动了发展中国家参与和遵守该协定。就控制传染病而言，改善发展中国家监测疾病暴发的基础设施可能会产生重要的全球利益。就渔业而言，帮助发展中国家的区域渔业组织以提高它们监察存量和捕获率的能力，将有助于确保富裕国家消费物种的可持续性。

即便不能达成有效的协定，全球框架也对其有所裨益。即便是很小的限制，也可以帮助避免倒退。协定可以为向发展中国家提供技术支援和资金援助搭建一个有效框架，这将成为加强保护全球公地合作的重要一步，也可以为各国相关进程的推动提供指导方针。同时，全球协定还可以为信息收集和监测朝着符合标准的方向推进建立必要的框架。

要实现保护全球公地的全球协调，没有简单的指南，也没有通用的理论或"一刀切"的规则。随着发展中国家的崛起，我们已经制定了在构建全球协调谈判时应考虑的一些有用原则。针对具体问题有的放矢地实施这些原则，并根据它们所需要的交换条件来制定决策，这都将更为复杂和特殊。但是，迎接这一挑战是亿万人民福利和地球可持续性的关键。

## 参考文献

1. 阿威萨，罗尼，雷纳托·拉莫斯·席尔瓦和大卫·韦斯：《热带雨林砍伐对于地区和全球气候的影响》，载于《热带雨林的新威胁》，威廉·劳伦斯和卡洛斯·A. 佩雷斯编著，第67～80页，芝加哥大学出版社，2006年。
2. 毕兰德，德勒内：《探密：玛雅政治在古代大衰败中可能起到的作用》，《佛罗里达州大学新闻》（盖恩斯维尔，佛罗里达州），2007年11月8日。
3. 博内，克里斯蒂，安伯·格里芬，乔纳森·其兹达，约翰尼·基福弗，永井雄彦和道格拉斯·瓦克洛：《潜在的海底块状硫化物深海开采：巴布亚新几内亚的案例研究》，唐纳德布伦环境科学与管理学院，圣巴巴拉分校，加利福尼亚州，2006年。

4. 巴克，苏珊·J：《全球公地概论》，岛屿出版社，1989 年。

5. 布朗，马乔里·安：《海洋法公约与美国政策》，美国国会研究服务方面问题参考资料，华盛顿特区，2006 年。

6. 布鲁斯卡，雷蒙德：《教授否认全球变暖理论》，《普林斯顿日报》（新泽西州，普林斯顿），2005 年 1 月 12 日。

7. 卡瓦列罗·安东尼，梅丽：《亚洲非典：危机、脆弱性和区域反应》，《亚洲调查》，45（2005）：475 – 95。

8. 非洲经济委员会：《互联网治理空间：从非洲角度探索的核心问题》，发展信息委员会第四次会议，亚的斯亚贝巴，2005 年 4 月 23～28 日。

9. 艾尔裴琳，朱丽叶：《随着排放量增加，碳汇出现堵塞》，《华盛顿邮报》，2009 年 12 月 3 日。

10. 艾哈德·马丁内斯，卡伦：《发展中国家毁林的社会决定因素：跨国研究》，《社会力量》，77（1998）：567 – 86。

11. FAO（粮农组织）：《经济激励和渔业责任专家磋商会报告》，罗马，2004 年。
    ——《世界渔业和水产养殖状况》，罗马，2008 年。

12. 菲德勒，大卫·P：《非典唤起细菌控制和全球公共健康的危机》，《临床研究杂志》，113（2004）：799 – 804，GAIA 运动，2007 年。

13. 格林，赖斯·E，斯蒂芬·J. 康奈尔，乔恩·P. W. 斯卡勒曼和安德鲁·巴姆福德：《农业和野生物种的命运》，《科学》，307（2005）：550 – 55。

14. 哈里森，约翰和帕梅拉·马特森：《大气公共资源》，刊于《保护公共资源：美洲资源管理的框架》，乔安娜·伯格、埃莉诺·奥斯特罗姆、理查德·B. 纳高德、大卫·波利坎斯基和伯纳德·D. 戈尔茨坦，岛屿出版社，2001 年。

15. 国际气候协定哈佛项目：《后京都气候制度设计：国际气候协定哈佛项目的经验教训》，波兹南，波兰，2008 年。

16. ICRG（国际国别风险指南）数据库，雪城，纽约，2009 年。

17. ICSG（国际铜研究小组）：《2007 年世界铜概况》，里斯本，2007 年。

18. 雅克胡，莱姆·S：《无线电频谱管理的国际监管面（对像印度这样的发展中国家的影响）》，印度管理学院专题讨论会第二次年会，2000 年，www.ictregulationtoolkit.org/en/Document.3301.

pdf。

19. 劳伦斯，威廉·F：《新威胁概论》，刊于《热带雨林的新威胁》，威廉·劳伦斯和卡洛斯·A. 佩雷斯编著，芝加哥大学出版社，2006 年。

20. 刘易斯，西蒙·奥利弗·L. 菲利普斯和提姆西·R. 贝克：《全球变化对于南美热带雨林的结构、动力学和功能的影响》，刊于《热带雨林的新威胁》，威廉·劳伦斯和卡洛斯·A. 佩雷斯编著，芝加哥大学出版社，2006 年。

21. 林德曾，理查德·S：《科学家的报告不支持京都条约》，《华尔街日报》，2001 年 6 月 11 日。

22. 麦克莱恩，唐，戴维·苏特，詹姆斯·迪恩和萨拉·李尔雷：《更响亮的声音：加强发展中国家在国际信息和通信技术的决策参与》，英联邦电信组织，伦敦，2002 年，www. cto. int。

23. 麦迪森，安格斯，《世界经济：千年观察》，经济合作与发展组织，发展研究中心，2001 年。

24. 迈克尔，帕特里克，《我们的气候数据过于陈旧》，《华尔街日报》，2008 年 4 月 18 日。

25. 奈杜，罗宾和维克托·L. 阿达姆维兹：《经济繁荣对于濒危物种数量的影响》，《保护生物学》，15（2001）：1021 – 9。

26. 奥斯特罗姆，埃莉诺，乔安娜·伯格，克里斯托弗·菲尔德、理查德·纳高德和大卫·波利坎斯基：《重访下议院：国内教训、全球挑战》，《科学》，284（1999）：278 – 82。

27. 帕里，马丁，奥斯瓦尔多·坎扎尼，让·帕鲁提科夫，保罗·范德·林登和克莱尔·汉森编著《气候变化 2007：影响、适应性和脆弱性》，剑桥大学出版社，2007 年。

28. 高盛，J. D 和 J. L. 盖洛普：《疟疾的经济负担》，《美国热带医学和卫生杂志》，64（2001）：85 – 96。

29. 萨度斯基，乔治，劳尔·桑布拉诺和皮埃尔·丹迪由：《互联网治理：讨论文件》，为联合国信息和通信技术工作队编写纽约，2004 年。

30. 辛格，S. 弗雷德和丹尼斯·T. 艾弗里：《地球 1500 年气候周期不可阻挡的实物证据》，国家政策分析中心报告 279，达拉斯，德克萨斯州，2005 年。

31. 斯特恩，尼古拉斯：《斯特恩评论：气候变化经济学》，剑桥大学出版社，2007 年。

32. 《疾病：支持埃尔托》，《时代周刊》，1970 年 9 月 14 日。

33. UNDP（联合国开发计划署）：《2007/2008 年人类发展报告》，《应对气候变化：分化世界中的人类团结》，纽约，2007 年。

34. UNEP（联合国环境规划署）：《深海生物多样性和生态系统：它们的社会经济、管理和治理范围报告》，区域海洋报告和研究，2007 年。
——《背景资料：关于保护臭氧层的科学和政治基本事实和数据》，2008 年 9 月，http：∥ozone. unep. org∥Events∥ozone_ day_ 2009∥press_ backgrounder. pdf。

35. 维勒纽斯，比约恩和伊莎贝尔·内托：《无线电频谱：发展中世界的机遇和挑战》，《信息》，8（2006）：18 – 33。

36. 维克曼，马格努斯：《全球公地治理》，《国际组织》，36（1982）：511 – 36。

37. 世界银行：《全球经济展望：把握全球化的下一次浪潮》，华盛顿特区，2007 年。

# 第八章
# 非洲：这块大陆会有所突破吗？

在最近一场金融危机发生前的十年，撒哈拉以南非洲地区的经济增长速度开始加快，这主要是由于其外部环境得以改善，同时，也得益于更好的政策和冲突的减少。

这一地区的经济要继续增长将需要克服许多挑战，诸如低储蓄率和投资率、生产率不足、出口多样性不足和管理不善等。但是新兴经济体带来了越来越多的出口和融资机会，这将支持非洲的发展。非洲中产阶级的出现也将创造更多的需求。但是，只有教育服务得到改善，未来几十年里大量年轻人成为劳动力的机遇才不会被错过。

本书认为，在未来几十年里，经济快速增长的新兴大国将统治世界经济。巴西、中国、印度、印尼、墨西哥和俄罗斯向全球强国的转变，将消除亿万人民的贫困，并极大地改善全球福利状况。但是，经济实现发展的并不仅是这些国家，我们似乎遗忘了撒哈拉以南非洲①。

　　撒哈拉以南非洲的增长前景可能不会像"金砖四国"这般翻天覆地。到 2050 年，预计没有一个非洲国家可以跻身世界前 10 名经济体。但撒哈拉以南非洲地区的增长能否持续，甚或加速，这对人类至关重要。从灾难性的 20 世纪 80、90 年代初以来，该地区的贫困人口已经下降，经济增长状况亦有所改善。但是，直到 2005 年，该地区几乎一半人民的日均消费仍低于 1.25 美元。本章我们先把全球的事放一放，来关注一个关于人类福利的问题：在未来几十年中，撒哈拉以南非洲能否实现生活水平的日益提高呢？

　　首先，我们要问 20 世纪 90 年代中期以来该地区的经济增长加速是否基于暂时性（或周期性）的原因，随着时间的推移是否将会扭转？抑或这种加速增长来源于政策的改善，如果政策改善持续，能否实现多年的收入上升？其次，我们要考虑撒哈拉以南非洲面临的主要挑战以及严重影响经济增长前景的关键政策问题。这个讨论对第三章中关于选定非洲经济体经济增长的模型预测进行了补充。

## 非洲的经济增长速度加快

　　非洲经济在殖民时期曾长期停滞，20 世纪 90 年代中期之后增长开始加速。1999～2008 年，GDP 年均增长率达到 4.6%，超过此前十年速度的两倍。其中，低中等收入国家的经济增长最为强劲，2000 年原材料价格暴涨，1999～2008 年，这些国家的年经济增长率达到 6%。该地区其他国

---

① 本章改编自阿里和达杜什，2011 年。

家也广泛实现了经济加速增长，包括像南非这样的上中等收入国家（其收入占撒哈拉以南非洲 GDP 的 1/4）。1998 ~ 2008 年，有 17 个非洲经济体（其中 12 个为低收入国家）以平均每年 5% 或更快的速度增长，而此前十年只有 7 个国家（见图 8.1）。21 世纪头十年，非洲大陆的人均收入在以年均 2% 的速度增长，最终结束了非洲大陆经济增长长期滞后的局面。

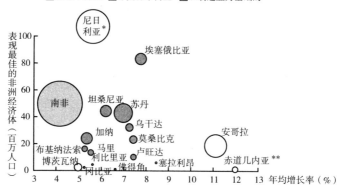

图 8.1 快速增长是普遍的

注：圆圈的大小表示相对 GDP。除南非外，这些国家 1999 ~ 2008 年的平均年经济增长率都超过 5%。

\* 尼日利亚的实际人口是 1.5 亿。

\*\* 1999 ~ 2008 年，赤道几内亚的平均 GDP 增长率为 23.2%。

资料来源：世界银行数据。

即便考虑基数较低的因素，非洲经济增长的加速度也比其他地区的发展中经济体要快。其 GDP 增长率翻了一番，而拉丁美洲、南亚、东亚和太平洋地区以及中东和北非（MENA）的增长仅有 0.7 ~ 1.6。

然而，尽管加速明显，1999 ~ 2008 年，该地区的增长率仍然居于发展中经济体增长率的后半部分。非洲国家比在东亚及太平洋地区、欧洲和中亚以及南亚相应的增长要慢（见图8.2）。

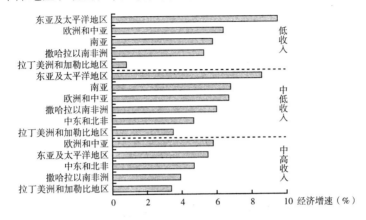

**图8.2 撒哈拉以南非洲地区的增长比其他地区要慢**

资料来源：世界银行数据，作者计算。

## 但绝对贫困仍然存在

撒哈拉以南非洲地区的增长部分源自人口的迅速增长，因而其经济增长并不意味着人均收入的快速增长。低收入非洲经济体的人均收入增长约为东亚及太平洋地区低收入经济体（包括老挝、缅甸和柬埔寨）的1/4。

我们知道，非洲的人均收入是从一个低得可怜的水平起步的，这个基础水平影响很大。即使在未来十年非洲的人均收入仍以每年2%的速度增长，其人均收入也只能达到460美元（按购买力平价，即PPP计算）。相反，即便日本（最富有而增长最慢的经济体之一）的人均收入同期增长只有1%，它的绝对收入也将高于非洲的7倍，仅增加部分就比非洲目前的人均收入高出近

70%。所以，即便非洲的人均收入取得同比增长，绝对收入差距仍将拉大很多。

初始收入非常低和经济增长较慢也是非洲在消除绝对贫困上仍落后于其他发展中地区的原因。尽管日均消费低于1.25美元的非洲人在总人口中所占的份额从1990年的58%下降到了2005年的46%，但贫困人口数量却从近3亿上升到了3.8亿。其他贫穷发展中地区取得的进步则大得多。东亚和南亚，1990年时与非洲的贫困率相当，到2005年时，其贫困率却分别减少了38%和11%，这得益于它们几十年持续快速的经济增长。

## 资源和外部发展并不是全部原因

资源是撒哈拉以南非洲地区增长的一个重要组成部分。在资源丰富型经济体，资源回报超过政府收入的10%，占到整个非洲大陆GDP的近1/3。1999~2008年，其产出年增长率超过6%，这是此前十年增长速度的两倍左右，比地区内非资源丰富型经济体4.7%的增长率更高。石油输出国受益于石油价格的上升，原油价格从1998年平均每桶15美元飙升至2008年平均每桶约100美元①。因此，其GDP增长速度达到6.6%，是原来的两倍，同时比中东和北非的石油出口经济体高出两个百分点，也比撒哈拉以南非洲任何其他大国要高。

初级商品出口占撒哈拉以南非洲出口的份额超过70%，其价格的上涨改善了该地区的进出口交换比率。其中，油价起了主

---

① 根据国际货币基金组织定义的石油出口经济体，石油出口占到国家商品出口的30%或更多。这一群体包括安哥拉、喀麦隆、乍得、刚果共和国、赤道几内亚、尼日利亚和苏丹。

要作用，因为这里和中东的石油出口国在进出口交换比率方面相比拥有最大进步，相较而言，拉丁美洲的增幅要小得多，而亚洲发展中国家的则在下降（见图 8.3）。其他原料（如矿物质）的价格上涨也有助于非洲的经济增长。

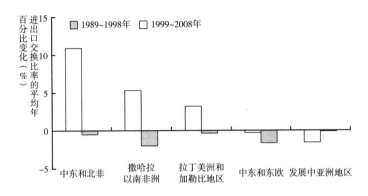

图 8.3　危机前的十年，撒哈拉以南非洲享有
巨大的进出口交换比率收益

资料来源：国际货币基金组织数据。

## 外部需求和融资新来源也促进经济增长

与经济快速增长的发展中经济体之间贸易的上升也有助于推动非洲的出口，1998～2008 年，非洲出口额翻了两番多。与发展中经济体之间的贸易在非洲区域外贸易中所占的份额从 1995 年的不到 20% 增长到了 2008 年的 33%。其中，中国已是非洲尤为重要的贸易伙伴，其在非洲出口中所占的份额在 1998～2008 年上升了 10%，在中东和北非的出口中上升了 6%，而在拉丁美洲出口中上升了 4%。

在贸易增长的同时，非洲的外国直接投资（FDI）流入也在激增，尤其是石油出口经济体，1999～2008 年，这些国家获得了近一半流入非洲的外国直接投资。2008 年，净外国直接投资流入达到了 350 亿美元，1999～2008 年，年平均约为 170 亿元，比此前十年的年平均 40 亿美元增加了三倍多。然而，尽管非洲的外国直接投资增长如此显著，却仍落后于其他也是从较低水平起步的发展中地区（东欧和中亚、中东和北非以及南亚）。

## 非资源丰富型经济体的经济也增长了

自然资源并不是经济增长的全部原因。尽管该地区的 36 个非资源丰富型国家要落后于资源丰富型国家，但 10 年来，它们的经济增长速度已经达到近 4%，增加了一倍以上。这主要得益于服务业的快速增长。其中，表现最佳的国家是埃塞俄比亚、莫桑比克和乌干达，它们在金融危机前的十年间年平均增长达到了 7% 甚或更多。

非资源丰富型经济体在贸易和外国投资方面的表现也有大幅改善，尽管比资源丰富型国家，尤其是石油资源丰富经济体的速率要低得多。对比 1989～1998 年和 1999～2008 年两个时段，非资源丰富型经济体的出口为 GDP 增益了 4.7%。这比资源丰富型国家 8.1% 的增益要少，因为资源相关出口的外部环境更为有利。非资源丰富型经济体的外国直接投资也从较低基数大幅上升，占到了 GDP 的 2.5%，但比起资源丰富型经济体的 2.7% 仍然较低。

## 服务业已成为经济增长新的领跑者

非资源丰富型经济体的增长发生在各个部门，尤其是服务业，它是非资源丰富型经济体的主要输出来源，份额超过 GDP 的 50%（见图 8.4）。服务业的兴起在很大程度上得益于教育和卫生等相关公共支出的扩大以及在房地产、酒店、餐厅和银行业中私人活动的增加。

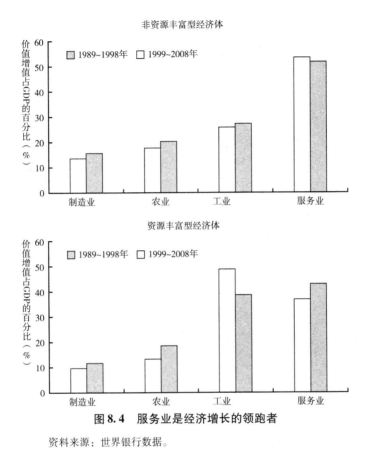

**图 8.4 服务业是经济增长的领跑者**

资料来源：世界银行数据。

然而，这两类非洲国家的农业和制造业在 GDP 中所占的份额都呈下降趋势，如果考虑它们提高生产力的潜力，这种状况实在令人担忧。资源丰富型经济体的工业增长源于采矿业和建筑业的增长，而非制造业。像尼日利亚这种重要的资源丰富型经济体，制造业衰退、服务业急剧上升，已经发出了"荷兰病"的信号①。

——————

① "荷兰病"是指资源热的后果，包括随着汇率升值和工资上涨，制造业和竞争力下降。

# 政策改善促进了较快增长

宏观经济管理的改善对非洲在降低通货膨胀率和财政赤字方面的良好进展具有显著帮助。

对比 1989～1998 年和 1999～2008 年两个时段，低中等收入国家的平均通货膨胀率降低了 2/3，大多数低收入（津巴布韦除外）和中高等收入国家降低了 1/2。非洲两个最大的经济体（南非和尼日利亚）的通货膨胀率，分别减少了 50% 和 66%。21 世纪头十年里，45 个撒哈拉以南非洲国家中有近 30 个的通胀率为个位数，而 20 世纪 90 年代，这样的国家不到 20 个。低收入和中低等收入经济体比其他地区发展中国家通胀率的下降幅度要大得多。

由于 21 世纪头十年石油输出经济体庞大的财政盈余（平均为 GDP 的 6.3%），非洲的财政平衡（包括赠款）从 1997～2002 年占 GDP 2.6% 的赤字转为 2008 年占 GDP 1.3% 的盈余。博茨瓦纳等国家建立了基金，将矿产资源的赢利用于提供公共债务服务。对比 1989～1998 年和 1999～2008 年两个时段，非洲大陆的外债占 GDP 的比重也平均下降了 1/4，部分是因为经济的较快增长和重债穷国（HIPC）倡议下的债务减免。其债务减少程度要大于其他发展中地区。

非洲在教育招生方面也取得了重大成果。小学毛入学率从 1999 年的 78% 上升到了 2008 年的 97%，中学入学率从 24% 上升到了 33%。这些升幅均大于其他发展中地区，但非洲的总入学率仍远远落后。大多数非洲经济体面临着高学历人才的严重短缺，弥补这一缺陷是能否维持目前增长势头的关键所在。

尽管非洲关税的下降程度低于其他发展中地区，但贸易改革却有助于非洲进一步融入全球经济。在 2008 年前的 20 年中，非洲制成品关税下降了约 46%。而全部发展中经济体关税同期平均下降超过 70%。更大的开放性带来了更高的出口股息：对比 1989~1998 年和 1999~2008 年两个时段，撒哈拉以南非洲货物和服务业出口占 GDP 的比重达到 32%，提高了 5 个百分点。而同期，拉丁美洲和加勒比地区、中东及北非以及南亚增加了 5.6~7.6 个百分点。

非洲的主要政策和体制虽有所改善，却仍旧十分薄弱，改革步履蹒跚，它面临的问题比其他发展中地区所面临的更大。撒哈拉以南非洲国家的外债约占 GDP 的 46%，仍比拉丁美洲和中东及北非的高出 10 个百分点。此外，约有 15 个非洲国家的通货膨胀率仍在 10% 以上。

非洲的商业氛围改善最近有些成就，如卢旺达列居 2010 年世界银行营商环境指数最佳全球改革者之列，但总体而言，仍面临着巨大挑战，特别是在开办企业、获得信贷和确保投资安全等方面。撒哈拉以南非洲地区在世界银行的九项指数排名中除两项（处理施工许可证和执行合同）以外，都低于其他发展中国家和地区。低中等收入国家，包括喀麦隆和尼日利亚这样的大国，得分则十分糟糕，在排名中都处于世界 53 个中低等收入经济体的后半部分。

也许最显著的改善是暴力的下降。国家冲突曾严重削弱许多非洲国家的经济增长，它的数量从 1999 年的 16 起下降到了 2005 年的 6 起（见图 8.5）。整个非洲大陆的民主也正在确立，正在明显地向更多的选举和更强大的政治机构转变，尤其是像加纳一类表现最佳的经济体。

但是，该地区仍有许多工作要做。主要冲突仍未解决，如乍得、达尔富尔和索马里等地区冲突。而且，该地区在世界银行的

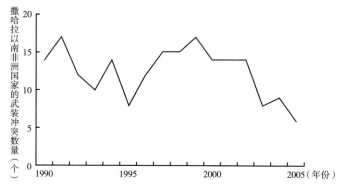

图 8.5 冲突的发生率正在下降

资料来源：人类安全网相关数据库。

政治稳定、法治、政府效率等方面的治理指标中仍然得分不佳，这可能会影响经济增长的能力。虽然议会选举增加了，行政部门的控制却仍在继续。

## 非洲经济发展将长期面临挑战和机遇并存

石油和矿产品价格的上涨、新的需求来源以及政策的改进推动了非洲近年的经济加速增长。从中期来看，价格是否将保持高位仍悬而未决，但非洲的决策者们至少可以控制某些增长动力。在这里，我们展望一下非洲发展将长期面临的机遇和挑战，并突出强调政策的影响。

### 低投资率和储蓄率

自 20 世纪 90 年代以来，非洲的投资率就一直少于 GDP 的 20%，这远远小于那些最成功的发展中地区（30% ~ 35%，见图 8.6）。过去 20 年中，埃塞俄比亚、尼日利亚和南非这类大经济

体的年均投资率占 GDP 的 19% 左右，这比泰国和越南等经济快
速增长的亚洲国家低了超过 10 个百分点。

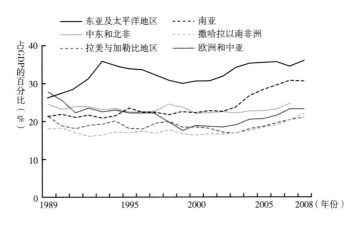

**图 8.6　撒哈拉以南非洲地区的投资仍然很低**

资料来源：世界银行数据。

　　可喜的是，在这些投资中外国直接投资占到了较大份额，从
一个小基数起步至今已经翻了一番多（见第六章中有关外国直
接投资好处的讨论）。但是，外国直接投资往往流向传统行业，
如采矿和石油。而非洲经济体则需要提高国内投资来支持农业和
制造业。欠发达的金融媒介和其他体制上的弱点，如基础设施不
足和缺乏政治稳定等，降低了调动储蓄的能力，而且收入往往也
仅够生活，不允许有大量储蓄。非洲的国内储蓄率约为 GDP 的
16%，比亚洲发展中国家的 25% ~ 40% 要低得多，这使得非洲
一直依赖外国资本（如援助和贷款）为投资提供资金。

### 生产率提高不够

　　总要素生产率（TFP）很少或根本没有提高，这表示非洲经
济增长缓慢。未来提高总要素生产率应当通过提高技术能力等途

径，而不只是增加劳动力和固定资产投资。

衡量一个国家吸收国外技术的能力指数（教育、基础设施、政府管制、商业氛围和贸易开放度），可以帮助评估非洲提高其 TFP 的能力①。在某项评估中有 30 个发展中国家，包括世界银行列出的六大发展中地区各自的五大经济体，其中非洲四个大经济体（安哥拉、埃塞俄比亚、肯尼亚和尼日利亚）的排名居于所列国家的最后 1/4，这主要是由于政府管制、教育和基础设施的得分很低。另一个非洲经济体南非在指标排名中排在前 10 位，其商业氛围和政府管制得分相对较高，为促进生产力增长提供了更好的前景。

非洲最大的五个经济体的平均基础设施和教育指数（包括铺平道路、互联网利用率、中等教育入学率）比上述 30 个国家的平均水平要落后 20 多个百分点。非洲的基础设施最近在互联网和移动电话方面有所进展，但投资仍然有限。而中欧和东亚国家基础设施的改善，使得波兰和泰国这类国家进一步提高了生产力。

## 令人失望的出口表现和初级商品依赖

尽管出口增长对非洲经济增长的贡献有所增加，但是其中大部分都来源于价格的提高，而非额度。1999～2008 年，非洲出口额度年均增长 4.7%，这大大低于出口价值增加的 16%，也低于此前十年出口额度的年均增长 5.7%。

该地区的大多数国家仍是石油和农产品等初级产品的出口国，制成品占主要出口的只有少数几个经济体，如南非和毛里求斯。2008 年，初级产品占非洲向非非洲发展中经济体出口的

---

① 指数计算方法的详细说明，请参阅达杜什和斯坦什，2010 年。

75%，而这一数字在 1995 年时只有 55%。

如果没有适当的管理，初级商品依赖将削弱非洲的发展前景。尽管 2002 年以来初级商品价格的激增对非洲的贸易条件有所改善，但是长期而言，初级商品价格相对于制成品一直呈下降趋势①。随着投资增加和技术进步，初级商品供应将增加，而全球人口增长放缓将降低需求，且这种趋势仍可能继续②。初级商品价格的波动也使该地区更容易受到外部冲击。只有做好价格最终下跌的准备，将暴利保存下来，政府控制初级商品赢利的同时不产生腐败和过度寻租，而且将初级商品收入都投入经济并产生生产力增益，初级商品依赖才可能支持成功的发展战略③。

### 与新兴经济体之间雨后春笋般的经济关系

尽管非洲与欧洲和其他发达经济体之间有着悠久的贸易历史，但现在其出口有一半左右是面向其他发展中国家，这主要源自与亚洲经济体之间贸易的迅速上升。1990～2008 年，亚洲在非洲对外贸易中所占的份额达 28%，翻了一番，而且亚洲不断增长的初级商品需求将有助于推动非洲经济。本世纪中叶，中国和印度预计将居非洲出口目的地的前三位，占其出口总量的1/3④。而到 2050 年，欧盟和美国在非洲出口总量中所占的份额将从 2006 年的 50%（见第四章）下降到 25%。这种重新定位

---

① 从历史经验来看，初级商品价格相对制成品下降了，估计将以每年 -0.6%～ -2.3%的速度长期下降（格林伯格和牛顿，2007 年）。
② 比如，粮食生产可以大大增加。最近，世界粮食和农业组织与经济合作和发展组织预计有另外 16 亿公顷可用于耕种，比现在使用的 14 亿公顷要增加一倍多。
③ 见辛诺特、纳什和德拉·托和，2010 年。
④ 见达杜什和阿里，2010 年。

220

将使非洲在发达国家经济增长放缓的情况下减少其经济的脆弱性。

## 非洲和其他地区中产阶级消费者的兴起

长期来看，中产阶级消费者的出现也将支持非洲的经济增长。这部分增长大部分将来自非洲自身。在短短 10 年间，六大非洲经济体的中产阶级和富裕阶层（GMR）规模①就增长了60%，从 1998 年的约 4000 万人增至 2007 年的 6100 万人，他们占到非洲人口的 1/3 多，非洲大陆 GDP 的 2/3 由他们创造。而且如果收入分配合理的话，到 2050 年，许多非洲经济体的很大一部分人口预计也将加入 GMR 行列。具体来说，加纳、肯尼亚和南非将有 40% ~ 50% 的人口加入 GMR，将创造非洲大陆 GDP 的约 35%。越来越多的非洲家庭开始享有更多的可支配收入，他们可能会花费其中的相当一部分来用作家用、私人产品、耐用品和服务，这将为非洲供应商以及通过内需来拉动经济增长带来了潜在的机遇。

其他大型新兴经济体 GMR 的增加也将为非洲出口创造空间。中国的 GMR 预计将从 2009 年的约 1.2 亿人增长到 2030 年的 7.8 亿人，到 2050 年预计将达 11 亿人。随着最成功发展中经济体工资和资本－劳动力比率的上升，面向非洲的新市场也即将打开，这也可能为非洲低工资国家的制成品出口增加打开一条出路。

## 人口转型滞后

即将到来的非洲劳动力上升既是挑战，又是机遇②。非洲人

---

① 这些国家包括安哥拉、喀麦隆、科特迪瓦、肯尼亚、尼日利亚和南非。
② 人口结构转型滞后是指当一个国家的人口变化由高生育率和死亡率向低移动，它将是经济发展的一部分。

口增长率很高，每个妇女平均生育 5 个孩子，这比大多数其他发展中地区的生育率要高出两倍多。老年赡养比也很高，大概每 100 个劳动力有 85 个赡养者，比其他发展中地区要高出 25～40 个百分点。这些因素共同推动撒哈拉以南非洲地区劳动力（目前约 500 万人）的增长，预计在未来 15 年内将增加 50%。

这个巨大的劳动力补充可能会带来非洲产量的高增长。但它是否能转换为人均收入的高增长则将取决于政府投资教育的能力，最重要的是教育的质量。如果没有教育（与健康）资源的有效和实质性增加，劳动力的增加可能会导致失业率的大量提升、低工资、生产力下降和社会动乱。但是，如果政府可以为新一代提供营养、保健和教育，让他们成长为富有成效的工人，在未来几十年，撒哈拉以南非洲地区的收入增长可能会大幅加快。

充分利用人口转型机不可失，时不再来，长期来看，生育率和老年赡养比必将下滑。据联合国预测，随着女性教育的改善和计划生育服务的便捷，到 2030 年，非洲的生育率将下降到平均每位妇女只生育 3 个孩子，而到 2050 年，平均每位妇女生育的人数将少于 2.5 个。

## 结　论

非洲和其他发展中地区之间政府管制和商业氛围指标的差距日益拉大，这表明非洲的生产力提高仍将相对缓慢，最近关于该地区的一些乐观估计难以兑现。未来几年，随着供应跟上高价格的路线，初级商品的价格可能会下降。非洲的国内储蓄率和投资率仍比那些已有大幅加速增长的新兴经济体要低得多。工业化国家的经济增长预计较缓慢，但它们仍是非洲主要的出口目的地，而初级商品价格仍将波动较大，这些都是一些警示。

但非洲显然还有新的希望，这植根于该地区更大的稳定性，即非洲中产阶级的崛起以及与经济快速增长的新兴市场之间更为密切的互动所带来的机遇。从长远来看，随着这些国家工资的上升，非洲的比较优势可能会向制造业转移，这可能会创造新的出口增长机会，让世界上最贫穷的大洲实现真正的经济持续增长。

确保即将增加的年轻工人成为一种资产，而非医疗和教育服务的累赘将是关键的政策挑战。非洲的未来取决于其决策者是否具备确立规则使得市场运行和私人投资蓬勃发展，并为人类福利提供必要公共服务的能力。在过去十年里，非洲的第一代改革已经取得了实质性进展，特别是在宏观经济的稳定和对世界的开放度方面。如果要赶上其他更有活力的发展中地区，它必须在政府管制和改善公共机构的质量方面取得更大进展。

## 参考文献

1. 阿里，施梅尔斯，尤里·达杜什：《非洲去向何处?》，《政策展望》，卡内基国际和平基金会，华盛顿特区，2011 年。
2. 阿里，施梅尔斯，尤里·达杜什：《世界贸易的转变》，《政策展望》，卡内基国际和平基金会，华盛顿特区，2010 年。
3. 尤里·达杜什和贝内特·斯坦什：《2050 年的世界秩序》，《政策展望》，卡内基国际和平基金会，华盛顿特区，2010 年。
4. 格林伯格，罗曼和萨曼莎·牛顿：《初级商品价格与发展》，英国牛津：牛津大学出版社，2007 年。
5. 辛诺特，艾米丽，约翰·纳什和奥古斯托·德拉·托和：《拉丁美洲和加勒比地区的自然资源：繁荣和萧条之外》，华盛顿特区：世界银行，2010 年。

# 第九章
# 正视变化：呼唤全球意识

要把握发展中国家崛起带来的机会，各国政策需要发生重大改变，并大大增强国际合作。

以下诸原则可以提高国际合作的效率。第一，在国家层面的行动上要建立共识，而且确保这一层面推动变革的力量是集中的。第二，由关键成员国来处理问题。

全球的国内政策和国际贸易合作亟待大幅度进步。因为现在的政策和合作还远远不能控制金融一体化的风险。在处理移民压力和移民收益方面，也经营惨淡。而在减缓气候变化方面的进展同样一直令人失望。

虽然新的由发展中国家和发达国家组成的G20峰会具有明显弱点，但是如果想要以上诸问题取得进展，它是最有前景的载体。

建立"全球意识"的工作还在推进，而它毕竟带来了应对挑战之路的希望。

在前面的章节中，我们回顾了贸易、金融、移民、全球公地等全球化的主要渠道分别面临的挑战。我们所描绘的图景必定零碎而不完整，反映的也仅仅是实际现象。在最后这一章中，我们首先尝试将纷繁的线索拉回来，提出一些能使国际合作从发展中国家崛起中获得最大收益的原则。然后，我们将讨论全球化各个渠道的政策和国际协调如何对这些原则进行叠加。最后，我们将讨论 G20 在处理这些问题上可能发挥的一些作用。我们的目标仅仅是从前面的章节中找出一些广泛的经验教训；而要找出处理这样一个复杂和广泛的议程的详细路线图则是不可能的。

这些原则可以反映全球经济的演变，对此，我们已经进行了详尽讨论。尽管在未来 40 年中，发展中国家将改变全球经济，但是面对它们的崛起，把握机遇、规避风险仍将主要依靠各个国家推动的自主改革，而非国际协定。无论好坏，各国都将开创自己的未来。只有主权国家才拥有主权能力来实现真正的变化，也只有它们才能决定采取何种方式与国际社会互动以巩固成果和减轻风险。国际协定则只发挥次要作用，当然，有时也会发挥至关重要的作用。

## 两个原则

第一个原则直接来源于国家政策的首要地位：要加强整合和达成有效的国际协调，国家层面的认识和了解必不可少。（通过分析和研究）建立全球意识需要各国的理解、民间社会的积极参与、教育以及持续的国际经济和政治对话。在此方面，G20、联合国、布雷顿森林体系机构和世贸组织总理事会做出了最大贡献。尽管在那些不能达成有效国际协定的领域，各个国家可能在细节上会有所不同，但是以共同原则为基础的做法往往可以取得很大进展。

同时，国际机构和观察评论员必须认识到这一原则的局限性，并予以相应的期望值。对于那些多边机构可以产生显著影响却主要应当依靠国内改革的政治进程，它们必须区别对待。世界上最强大的经济体可能都需要加快财政和体制改革，例如，货币配置缺乏创造性以及指标体系评判不平衡等问题，都将迫使这些国家及时做出它们需要的改变，而不是一意孤行。尽管这个区别很明确，但是仍有一些重要却实质上是国内的问题最近被标榜为"全球问题"，并以此来要求国际社会进行干预，全球再平衡以及"货币战争"假想要算是其中最突出的例子。这些问题往往是多边机构（尤其是 G20）少有作为的根源，比起任何"系统性"不足，处理金融危机的后遗症，完善美欧财政政策以及纠正中国发展模式的缺陷等都更值得关注。人们必须区分游戏规则的改进需要和游戏中关键成员国的自我提升需要，此二者经常被混淆。

第二个原则是根据谈判的问题及时调整国际谈判的参与者。尽管国际协定必须努力争取合法性，最理想的是所有国家都能列席，而且只制定一致通过的决定，但是必须在目标与同等重要的目标效力之间找到平衡。因此，我们反对像"联合国气候变化框架公约"和世界贸易组织的宗旨般一定要就问题达成普遍共识这一不切实际和最终无效的野心。"哥本哈根协定"和停滞不前的多哈回合贸易谈判无异于一个拉了大串名单的失败倡议，在努力坚持着最低公分母的声明。这种做法缺乏现实性，并且其实与国际层面毫无关系，谁都无法想象任何一个国内立法机构在表决一项决策时必须一致通过。然而，如果是另一个极端，即协定只由非常少和精选的国家来签署，那么这个协定不仅将缺乏被广泛采用的合法性，而且因为成员太少就一个全球性问题往往难有作为，如此再向其他国家推

226

行，就几乎更不可能实现了。

因此，先由关键成员国就许多全球性问题签署协定，再以合理的条件向非参与国扩展的方式可能是最有效的。而且随着全球化的推进，谈判将日益关注更深层次的整合（如服务贸易和金融监管），这类协定在数量有限的区域合作中可能可行，但要求普遍一致却注定失败。于是，可以尝试双边或区域协定，它涵盖的问题可以范围广泛（如北美自由贸易协定），也可以是关键成员国围绕一个特定问题（如绿色环保技术的转让）的狭义协定。最近作为经济问题主要论坛的 G20 峰会就是这种"多边"做法的绝佳案例。

出于对协定合法性和有效性的考虑，在选择关键成员国时让发展中国家充分参与十分必要。然而，有些评论家认为这样做极具挑战性，并有可能限制国际论坛的影响力和效率。他们认为，随着新兴大国在国际组织中要求更多的发言权，它们可能会抵制承担相关责任，因为这些国家的许多公民仍然很穷，将不太愿意承担某些可能会限制经济增长的国际标准。此外，争论还认为，尽管这些国家在全球治理中的作用正在增加，但它们并不希望增加全球治理，因为它们往往将国家主权置于国际共识之上，如此一来，国际协定的作用将不可避免地变得更为有限①。

但是，这种批评忽略了现在的现实。同样的批评也可以针对发达国家，一直以来都是它们在主导着国际决定。而它们也可能不承担相关国际协定的责任，美国和"京都议定书"就是一个明显的例子。它们经常采取明显维护特殊利益的政策，如农业保护，而忽视更广泛的福利。再看看最近灾难性的金融危机，它起

---

① 帕特里克，2010 年。

源于美国及其他发达国家，是不恰当的宏观经济政策和监管政策的结果。发达国家实在还有太多要做，才担得起"负责任的利益相关者"的美名。事实上，通过分散决策权，新兴市场国家更可能限制最恶劣的暴行。

因此，国际组织必须包含发展中国家，而且参与方式应该演变，需要反映发展中国家群体之间的多样性。最富有发达国家的人均收入可能是"最贫穷"发达国家的 3 倍，而最富有发展中国家的人均收入是"最贫穷"发展中国家的 50 倍以上。所有发展中国家都须做好做出承诺的准备，但应当适用不同程度的义务。最大和最先进的发展中国家应采取接近发达国家的承诺，而"最贫穷"的发展中国家应采取较轻的承诺，并获得更多的帮助。通过技术转让和加强行政能力等方面的支持来协助发展中国家履行国际协定承诺，这种做法也符合发达国家的利益。

增强各国相关意识和依靠关键成员国并不意味着多边进程（几乎涉及所有国家）将无法发挥重要作用了。相反，为了支持单独的国家、区域或群体在某些问题上的进展，可以尝试用全球论坛来讨论、分析和宣传，以期取得一般原则上的同意。在某些情况下，还可以提供一个已经取得进展的机制加以扩展和综合。换而言之，就像 WTO 一样，使其具有法律约束力，并广泛地适用于全体会员。但期望用多边进程来促进变革是不切实际的。事实上，主要依靠它们来免除国家或群体的责任反而可能会耽搁正常的进程。

为了保证效率，国际协定不论是区域、双边还是多边，都应包括详尽的执法和修订机制。执法机制可能需要包括制裁机制（如 WTO 争端解决条款），至少还要有监测和同行审查机制（如国际货币基金组织第四条）。协定修订机制则将变得和技术进步一样重要，需要审时度势、不断改进，了解什么可行、什么有效。较成功的发展中国家与发达国家之间经济增长率的巨大差异也将持续地改变全球的权力关系。

# 现在的国际协调何以会处于这种状态?

按这些标准来衡量，国际社会在全球化的所有四个渠道中，可能除了贸易，得分都很低。国家政策和促使发展中国家融入全球经济的国际机制在很多方面还完全不够健全。

## 贸易正处在最佳状态

国际贸易的进展一直最快，但是仍然不足。一直以来，贸易自由化主要由单边政策推动，因为各国认为开放是它们自己的利益所在，而国际机构只在一定程度上进行鼓励。近年来，越来越多涉及发展中国家的区域和双边协定变得十分重要。一些为实现更深层次整合的协定（如欧盟和北非国家之间的协定）包含了向发展中国家缔约方提供技术援助和支持的实质性承诺。少数多边协定（如信息技术协定和政府采购协定）也有助于特定地区的贸易开放。在世贸组织、某些得以良好确立的区域协定以及世贸组织的贸易监测政策中，运行着合理有效的争端解决机制和论坛成员之间的同行审查机制。

但是，通过多边谈判来巩固现有自由化的方式已经停滞了很长一段时间，主要是因为多边谈判议程复杂，成员国数量众多、复杂多样，而且协商机制为所有事情都需要一致通过。特别及区别对待原则已经得以良好确立，这使得发展中国家可以承担较轻的义务。但是，尽管少数发展中国家早已是最大的贸易商，这类原则还往往是把大多数发展中国家归为一类。未来的进程可能将更依靠自主政策和区域协定，而方法的变革则将需要多边协定的真正进展。

## 金融方面取得了一些进展

目前，促进和规范国际金融方面已取得了一些进展。国际政策协调通过改善宏观经济政策预警和制止了绝大多数令人震惊的贸易和金融保护主义，并借此控制了金融危机。但金融市场和控制风险的国际协调框架仍然薄弱、零碎。

大衰退期间，金融肆无忌惮，其所存在的危险极为显著，这促发了大量对监管方法和隐性政策协调相关案例（如在危机高峰时的救援包）的研究和讨论。财务安排方面的讨论一般都回避了普遍共识陷阱。巴塞尔进程提供了一个设定资本要求的共同框架。国际货币基金组织提供的紧急援助和协调在控制危机时至关重要。依托 G20 进行的宏观经济讨论以及将发展中国家纳入金融稳定委员会扩大会的步骤对于承认发展中国家日益增长的重要性颇有裨益。G20 的同行评审进程以及国际货币基金组织对 25 个最重要国家采取系统金融结构调整方案的行动，应该至少可以通过建立知识基础来对行事不负责任的国家施加压力。

然而，巴塞尔进程并没有设置足够的资本要求和风险承担的纪律约束。巴塞尔协定在加强金融监管方面还远远不够，尤其缺乏对非银行金融机构的规定。各国不同的金融管理方式仍在鼓励监管套利。暂时还没有相关的执法机制来限制那些存在潜在系统性风险的糟糕财政政策，只能在市场出现剧痛后再来限制融资渠道，这显然已经慢了一拍。危机解决机制过分依赖于专案决定，如私营部门的有序主权债务重组机制，而不是公认的国际机制。在所有主要金融中心，"太大而不能倒闭"的问题仍然没有解决。

国际金融机构尚未认识到发展中国家日益增长的分量（如在国际货币基金组织和世界银行的投票权）。随着发展中国家在全球经济中变得更重要，它们薄弱的金融体系可能带来毁灭性危机，但国际金融机构还没有做好应对的准备。

## 移民仍是错失的良机

迄今为止，国内和国际政策仍未能建立一个国际移民的有效框架。目的地国的政策几乎完全基于国内的社会和经济考虑，很少考虑到共同原则，乃至更广范围的国内经济利益。即便在总协定的部分领域（如防止贩卖人口），执法也一直很薄弱。虽然多边机构一直致力于达成国际谅解政策，但是除了难民政策外，它们对于开放或保护移民鲜有作为。即使是世界贸易组织的模式IV，尽管只覆盖了临时工，在放宽限制方面也收效甚微。最近关于增加合法移民的双边协定只覆盖数量微乎其微的潜在移民。除欧盟外，区域内开放边界的协定几乎形同虚设，或是因其覆盖面有限，或是缺乏有效的执法规定。在制定移民政策上，发达国家几乎完全忽略了发展中国家的声音。因此，几乎所有涉及移民问题的国际协调都以失败收场，而且近期内近乎没有任何改善的希望。如果有任何变化的话，那也是国内的移民政策正变得更严格，这适得其反。

有什么能改变这个可悲的事态呢？答案是：发达国家移民需求增加、发展中国家移民供应量增加以及发展中国家的影响力不断上升。这可能会鼓励各个最大的目的地国相互借鉴，从而博采众长，建立更合理的框架。尽管这一系列核心方针和原则仍需依赖自主政策，而且很笼统，但它可以形成国际章程的基础。

### 全球公地，最大的危险所在

国际协调在控制气候变化方面的失败给全球繁荣带来了最严重的威胁。由于每个国家都被其他国家的碳排放所影响，实行改革的国家从自主政策变化中所受的收益，不会像其在贸易、金融和移民政策变化中的收益那么显著。因此，要解决气候变化问题和全球公地的其他威胁，必须更依赖于国际协调。

然而，尽管国际协调一直致力于实现国际社会普遍接受碳排放限制，迄今为止仍收效甚微。尽管发展中国家的重要性已得到公认，但它们至今却仍不愿承担限制二氧化碳排放量的责任。如果没有有效的执法机制，哪怕是有限的协定，许多当事人也都不会遵守（前苏联国家承诺满足"京都议定书"的目标，是因为它们20世纪90年代初的经济崩溃，而不是因为有了有效的政策）。

当然，尽管目前控制排放的框架失败了，但还没有到绝望的时候。全球合作已经散播了科学发现，并建立了相关原则来指导国家政策。一些国家和相关行政部门已经开始实行碳排放限制。协定通过先涉及最大排放国，然后将其推广到其他国家的方式可能会取得进一步的进展。那么，什么可以为低碳密集型的经济增长战略创建一个更有利的环境呢？答案是：技术创新、技术转让和不可再生能源价格上涨。在这一点上，建立一些全球性的规范和国际社会意识必不可少。除非主要国家的公民认为其他国家都会愿意且能够使排放量大幅削减，否则进展将遥遥无期。

## G20 能掀开新的篇章吗？

G20首脑会议作为金融危机的一个产物，最近成为了经济决策的卓越论坛。该集团成员国包括 10 个发展中国家、9 个发达国家以及欧盟，它反映了世界经济的现实，发展中国家和发达国家在其中占有大致相等的分量。G20 有可能填补它的前身富国俱乐部 G7 和包含俄罗斯的 G8 在全球经济治理中所不能弥合的较大差距。G7 对冷战中自由民主的盛行起到过推动的作用，G8 曾将俄罗斯带入主流。但是，随着发展中国家的崛起，二战后和冷战后的这两个产物都过时了。G20 已经开启了现阶段必要的一种国际对话：发展中国家和发达国家平等参与，旨在弥合两个群体之间在观念和利益上存在的巨大差距。正如先前所言，摩擦是不可避免的，不仅因为发展中国家正在向经济强国转变，还因为它们与发达国家之间在期望、优先权、治理和能力之间的巨大分歧。这些差异表现在经济结构、生活水平以及不同的优先权上（以及由此产生的利益）。这些差异绝非反复无常或人工所为，而是真实存在的，并植根于经济环境和历史环境中。

G20 认为把发达国家和发展中国家放在平等的起跑线上这一现实，有助于调解分歧。正如帕特里克·斯图尔特最近在《外交事务》中说的，G20 还创造了改变整个发展中国家和发达国家阵营的可能性。G20 工作组表明：每一项事务都可能由发达国家和发展中国家的代表共同主持，每一次论坛都旨在解决一个存在潜在分歧的问题，如经济不平衡、气候变化和粮食安全。这使得两组国家各自都有机会发展大的改革思路和招纳支持者。此外，G20 也推动了其他国际机构向增加发展中国家发言权的方向发展。因此，只包含 G7 国家的金融稳定论坛已经被也包含发展中国家的金融稳定委员会取代。G20 也在帮助可以注入更多资源的国际货币基金组织将其股权和董事会向有利于发展中国家的方向重新调整。

G20 显然朝着正确方向迈出了一步，但这是否足够呢？它能否成功地将自己从一个危机战斗机改造成全球经济治理和国际机构改革的长期论坛呢？

G20 峰会所聚集的经济体产生的 GDP 占世界的 80%，似乎能胜任这一角色，但在许多方面它已经受到了批评。有人认为它太过庞大，无法高效，而其他人则质疑一个自封卓越且只有 20 个经济体的论坛是否具有合法性。为了发挥其在全球经济政策中的战略作用，G20 必须在参与国家和机构过多或是太少而没有代表性这两者之间好好权衡。其中，前者的低效将带来更大的风险。现在的 G20 已经变得过于庞大和笨重，太过于纠结细节。而且它揽了太多事情，有些事情本来应该由各国国内去解决，它的多管闲事不过是为各国国内政策的失败创造借口。

就广泛的经济问题而言，G20 可能已经过于庞大，因为尽管它的 20 个成员国加在一起代表着世界 GDP 的近 80%，但是最小的五个成员国（包括阿根廷）却只占世界 GDP 的 5%。而且，欧洲所占的比例过高。它们占世界 GDP 的约 1/4，但拥有四个独立国席位：法国、德国、意大利和英国，又同时占有欧盟席位，再加上西班牙和荷兰的观察员地位。相较而言，美国也占世界 GDP 的 1/4，却只拥有一个席位。显然，G20 的组合可以再进行一些修订，尤其是纠正欧洲的过高比例。而像世界银行和国际货币基金组织理事机构一样建立轮流主席式的结构制度，也可以有助于更好地平衡地理和经济规模。

为了改善连续性以及建立机构的记忆和能力，已经有人建议建立更永久性的 G20 秘书处和总统制。目前的设置是轮流秘书处和滚动总统制（包括"三驾马车"，即前任的和将接任的两届总统国家帮助设置议程），效果不是很理想，但尚不清楚有什么可以替代。尽管长任期将有可能使一个国家责任过重，12 个月的总统制还是优于欧盟 6 个月的总统制。而尽管常设秘书处将带来更多的连续性，具备更专业的骨干，但一旦确立，也将增加进展缓慢和与其他机构竞争的风险。此外，还会牺牲轮流秘书处的好处，如有限的官僚主义和每年的新团队"新官上任三把火"的激情。总之，目前尚不清楚 G20 到底需要怎样改变其机构组织。

出于对效率和合法性的双重考虑，G20 首先必须认识到自身的局限性和比较优势。它本来就不是一个决策机构：审议不由议会批准，因此不具有约束力。如上所述，它也不能处理国内问题，哪怕这些问题被标榜为"全球问题"。但是，G20 十分胜任国际非执行董事会或督导委员会之类的功能。它可以发展对全球性问题所采取方法的广泛共识，劝说各国行政长官向某些特定的方向推进，并为各国国内政策变化提供政治掩护。

正因为如此，G20 不应忙于零碎事务。涉足杂务越多，步之前机构（如国际货币基金组织和世界银行）后尘的风险就越大。而且，随着有效性和合法性的失去，瘫痪的危险也更大。因此，掌管主要金融机构所有权和投票权的 G20 成员国们应该仔细辨别机构的明确决定及其追求的实施和执法机制。G20 应当为国际金融机构提供广泛的指导，而不能搬起石头砸自己的脚。它必须继续扮演好自己作为督导委员会的角色。G20 已经成功运用这种方法呼吁国际货币基金组织参与相互评估程序，世界银行制定新的发展议程范式以及经合组织、贸发会议和世贸组织建立系统监测和曝光保护主义。同时，G20 打击腐败的计划也建立在现有的联合国协定之上。

G20 帮助世界避免了再度陷入大萧条。它集结了所有大型的经济体来协调它们的经济刺激计划、开展金融救援和避免恶劣的保护主义。仅从这方面看，该机构的作用是正面的，至少它将继续为对抗下一次金融危机提供保障。当然，它具备的远远不只救援能力，其潜力从重新平衡主要机构的组成和代表以及设立全球性的经济议程中就可见一斑。如果它可以避免我们所强调的这些风险，那么它就可以建立世界新秩序的信心，并帮助建立一个21世纪可行的经济体系。

在推动政策改革方面，国际合作的作用参差不齐，目前的多边条例很难应付未来的挑战。国际一体化的收益开始显现，理念也逐渐被接受，而且国际协调失败所固有的风险也日益为人们所认知。从更国际化的角度应对这诸多挑战的基础正在形成。许多最关键的政策正在自主推行，这对常规方式也是一种支持。随着全球人口越来越富裕，物质积累越来越丰富，人们越来越有教养，大家将能更好地了解当前所面临挑战的实质，更多地参与民主进程。现在是时候可以开始培养全球意识了。

**参考文献**

1. 帕特里克，斯图尔特：《不负责任的利益相关者？整合崛起大国的困难》，《外交事务》，2010年11月/12月：44-53。

# 附录 支持长期预测的模型

支持长期预测的模型基于柯布－道格拉斯函数：

$$Y = AK^\alpha L^{1-\alpha}$$

其中，国内生产总值（$Y$）是一个决定于总要素生产率（$A$）物质资本存量（$K$）和劳动力（$L$）的函数。根据历史经验，$\alpha$代表资本收入份额，通常被认为是 1/3。年度实际 GDP 增长由下面这个对上一方程的推导计算出来：

$$y = \alpha + (\alpha)k + (1-\alpha)l$$

其中 $y$，$\alpha$，$k$，$l$ 分别代表 $Y$，$A$，$K$，$L$ 的变量。在计算中，当地货币 GDP 都用实价汇率模型转换成了美元 GDP。

对 2009～2014 年的预测源自国际货币基金组织。之后的每10 年直至 2025 年，年增长率都由该模型计算，按照 1997～2007年的平均实际增长率同等加权。2025 年之后的预测则来自专门模型（见表 A1）。

表 A1　低增长情景下的增长预期

| | 年均增长率 2009~2050 年(%) | 实际 GDP(2005 年百万美元) | | |
|---|---|---|---|---|
| | | 2009 年 | 2030 年 | 2050 年 |
| 阿根廷 | 3.5 | 223 | 466 | 945 |
| 澳大利亚 | 2.4 | 787 | 1331 | 1703 |
| 巴　西 | 3.6 | 1011 | 2160 | 4481 |
| 加拿大 | 2.1 | 1171 | 1846 | 2378 |
| 中　国 | 4.4 | 3335 | 15900 | 23806 |
| 法　国 | 1.8 | 2203 | 3083 | 3754 |
| 德　国 | 1.1 | 2833 | 3333 | 3757 |
| 印　度 | 4.9 | 1065 | 4103 | 8381 |
| 印　尼 | 4.3 | 354 | 950 | 2214 |
| 意大利 | 1.0 | 1732 | 2063 | 2207 |
| 日　本 | 0.8 | 4467 | 5433 | 5319 |
| 韩　国 | 2.2 | 945 | 1988 | 2362 |
| 墨西哥 | 3.8 | 866 | 2124 | 4282 |
| 俄罗斯联邦 | 2.8 | 869 | 2202 | 3211 |
| 沙特阿拉伯 | 4.0 | 348 | 752 | 1622 |
| 南　非 | 3.8 | 271 | 701 | 1442 |
| 土耳其 | 3.9 | 509 | 1274 | 2650 |
| 英　国 | 1.6 | 2320 | 3174 | 3649 |
| 美　国 | 2.2 | 12949 | 20423 | 31111 |
| 埃塞俄比亚 | 6.5 | 28 | 109 | 366 |
| 加　纳 | 6.7 | 17 | 91 | 337 |
| 肯尼亚 | 5.4 | 30 | 98 | 287 |
| 尼日利亚 | 5.0 | 213 | 733 | 1636 |

# 劳动力

　　工作年龄人口（15~59 岁）预测取自美国人口普查局国际数据库①。各国劳动力的变化是根据这些预测来计算的。

---

　　①　美国人口普查局，2009 年。

# 资本存量

资本存量的增长使用以下公式计算:

$$K_t = K_{t-1}(1 - \delta) + I(Y_{t-1})$$

其中,$t$ 表示时间,$\delta$ 表示资本存量的折旧率,$I$ 代表投资率占 GDP 的百分比($Y$)。根据历史经验,在计算所有国家时,$\delta$ 被估算为 4.5%。

资本存量的初步估计用的是钦恩和莱文(1994 年)[①] 的资本存量占 GDP 比率。每年资本存量的增长速度计算使用的是上述公式,假定各国的投资率均按照过去 10 年的趋势发展,直至 2020 年。2020 年以后,投资率预计逐步接近发达经济体的平均投资率:20%。

# 总要素生产率

假定高度发达国家(法国、德国、意大利、日本、英国、美国)的年度总要素生产率(TFP)增长保持 1.3% 不变,这与先前的预测和学术研究相符[②]。对其他国家而言,总要素生产率取决于两个输入量的函数:人均收入和技术融合条件,这两个量又由教育、基础设施、治理和商业环境决定。$i$ 国每年 TFP 增长(a)的计算,使用下面的公式:

---

① 钦恩和莱文,1994 年。初始资本存量比率源于石油国家,用于"所有"国家和"非石油"国家的估算。石油国家的估算约为 2.1。

② 威尔逊和普鲁少塔曼,2003 年;霍克斯沃斯,2006 年;拜尔、德威尔和塔姆拉,2006 年。

$$a_t = 0.013 - \beta[ln\,(IPCi_{t-1}/IPCUS_{t-1})]$$

其中 $t$ 指时间段，$IPCi$ 代表 $i$ 国的人均收入，$IPCUS$ 代表美国的人均收入，两者都用美元计量。因此，随着国内人均增加收入，总要素生产率增长放缓，趋近高度发达国家 1.3% 的比例。收敛因子 $\beta$ 决定总要素生产率的收敛速度。

每个国家的收敛因子各个不同，由收敛条件指数（CCI，见表 A2）推算而来。CCI 为三个组成部分的总和：教育与基础设施、商业氛围以及治理。数据来自世界银行的《世界发展指标 2009》《营商环境 2010》和《全球治理指标》[1]。对每个组件而言，指数按照世界银行数据进行计算。然后，这些指标按照 G20 平均水平进行标准化取平均值。CCI 是这三个标准化组件的总和；因此，G20 的平均 CCI 为 0。

表 A2　收敛条件

| G20 | 铺路（%） | 互联网用户（%） | 中学入学率（%） | 教育和基础建设指数 | 商业氛围指数 | 治理指数 | 总收敛条件指数[a] |
|---|---|---|---|---|---|---|---|
| 阿根廷 | 30.0 | 25.9 | 78 | -0.81 | -1.19 | -0.91 | -2.90 |
| 澳大利亚 | 40.0 | 68.1 | 87 | 0.17 | 1.19 | 1.41 | 2.76 |
| 巴西 | 5.5 | 35.2 | 79 | -1.03 | -1.37 | -0.54 | -2.94 |
| 加拿大 | 39.9 | 72.8 | 96 | 0.38 | 1.25 | 1.40 | 3.03 |
| 中国 | 70.7 | 16.1 | 70 | -0.44 | -0.71 | -1.14 | -2.30 |
| 法国 | 100.0 | 51.2 | 96 | 1.00 | 0.21 | 0.91 | 2.12 |
| 德国 | 100.0 | 72.3 | 98 | 1.37 | 0.35 | 1.23 | 2.94 |
| 印度 | 47.4 | 7.2 | 55 | -1.20 | -1.53 | -0.79 | -3.52 |
| 印尼 | 55.4 | 5.8 | 60 | -1.01 | -1.19 | -1.19 | -3.39 |
| 意大利 | 100.0 | 53.9 | 89 | 0.93 | -0.58 | 0.07 | 0.42 |

①　世界银行，2009 年 a，b，c。尽管这些指标有局限性（如独立评估小组，2008 年；阿恩特和阿曼，2006 年），但是它们通常被视为最全面的来源。

续表

| G20 | 铺路<br>（％） | 互联网<br>用户（％） | 中学入学<br>率（％） | 教育和基础<br>建设指数 | 商业氛围<br>指数 | 治理<br>指数 | 总收敛条<br>件指数[a] |
|---|---|---|---|---|---|---|---|
| 日 本 | 79.3 | 69.0 | 99 | 1.00 | 0.73 | 0.87 | 2.60 |
| 韩 国 | 88.6 | 75.9 | 96 | 1.21 | 0.62 | 0.27 | 2.10 |
| 墨 西 哥 | 50.0 | 22.7 | 70 | -0.67 | -0.23 | -0.75 | -1.64 |
| 俄 罗 斯 | 80.9 | 21.1 | 75 | -0.12 | -0.96 | -1.46 | -2.54 |
| 沙特阿拉伯 | 21.5 | 26.4 | 73 | -1.02 | 0.72 | -0.89 | -1.19 |
| 南 非 | 17.3 | 8.3 | 72 | -1.39 | 0.05 | -0.09 | -1.43 |
| 土 耳 其 | 45.0[b] | 16.5 | 69 | -0.86 | -0.34 | -0.65 | -1.85 |
| 英 国 | 100.0 | 71.7 | 92 | 1.26 | 1.48 | 1.20 | 3.94 |
| 美 国 | 100.0 | 73.5 | 88 | 1.23 | 1.51 | 1.05 | 3.78 |
| 非 洲 | | | | | | | |
| 埃塞俄比亚 | 12.7 | 0.4 | 24 | -2.35 | -0.79 | -1.72 | -4.86 |
| 加 纳 | 14.9 | 3.8 | 45 | -1.93 | -0.74 | -0.51 | -3.17 |
| 肯 尼 亚 | 14.1 | 8.0 | 43 | -1.91 | -0.89 | -1.40 | -4.19 |
| 尼 日 利 亚 | 15.0 | 6.8 | 32 | -2.09 | -1.24 | -1.84 | -5.16 |

[a] 前三个指标的综合指数。

[b] 无可用的世界发展指标；由美国国会图书馆国家 2008 年间接估算。

对于 CCI 大于 0 的国家，$\beta$ 根据以前的预测假定为 0.015[1]；对于 CCI 低于 0 的国家，$\beta$ 用下列公式计算：

$$\beta = (-CCI)^{3/2}/(-800) + 0.015$$

下图显示收敛条件指数与收敛因子 $\beta$ 之间的关系：

收敛因子（$\beta$）

随着时间推移，假定所有给定国家的收敛因子都保持恒定。

---

① 威尔逊和普鲁少塔曼，2003 年。

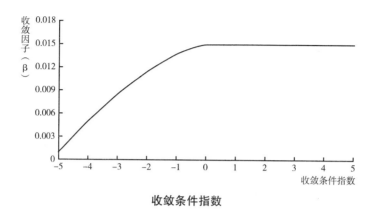

**收敛条件指数**

# 汇　率

　　如同大多数模型一样，实际汇率用当地货币兑每美元表示，由一个劳动生产率的函数计算。这些模型通常按照发达国家的长期平均水平假设每汇率升值（或贬值）1%对应劳动生产率升高（或降低）2%。比如说，劳动生产率每增长3.5%会相应产生汇率升值1.5%。

　　经验证据表明汇率升值对应更快的劳动生产率增长。因此，我们认为汇率升值1%的门槛是劳动生产率每增长3%。可实际上，预测并不特别受这一门槛影响。如果它被降低到2%，所有国家（除美国外）的美元GDP，相对2050年基线水平都会有一个大致相当于总量10%的增加，并因此保留其相对规模（美国GDP在G20中所占的份额将略有下降，从24%下降到22%）。而其他所有结果，包括实际增长率和PPP GDP的预测都将几乎不变。

## 贫困率

　　到2050年的贫困率预测使用世界银行PovcalNet的贫困人

数、收入分配以及最初平均收入数据。假设每年平均收入增长为相对人均 GDP 增长的 70%（印度为 60%，以反映其历史上较低的转化率），这与学术估计一致。然后计算各国的平均收入；人头指数是在假定各国国内收入均匀分布的情况下进行估算的。这种方法类似于由阿卢瓦利亚、卡特和钱纳里提出，阿南德和堪布展开的方法[1]。

## 全球中产阶级和富裕阶层

全球中产阶级和富裕阶层规模的预测使用上述类似的方法。在计算各国平均收入以后，按购买力平价计算收入超过 4000 美元的人口比例是在假定各国国内收入均匀分布的情况下进行估算的。

## 贸易流量

为了预测贸易流动，我们假定给定某国的进口将以 GDP 增长率乘以 1.3 的弹性系数的速度增长，而出口则将与出口国的 GDP 等比例增长。为简单起见，假设贸易赤字和盈余占 GDP 的比重保持不变，均按基本周期的比率。

## 碳排放量

G20 每个成员国 1990 年和 2005 年的碳和碳当量（$CO_2e$）排

---

① 阿卢瓦利亚、卡特和钱纳里，1978 年；阿南德和堪布，1991 年。

放购买力平价 GDP ①比率都使用世界银行的排放量数据计算②。考虑到效率预计将逐步改善，2010~2030 年，每个国家的比例估计可提高 10.7%，或者为 G20 成员国 1990~2005 年平均总改善的 2/3。2030~2050 年，每个国家的比例预计将提高 5.3%，或者为目前平均水平的 1/3。

运用这些假定的 GDP 预测产生出每年 G20 的排放数据。全球排放量按照 G20 排放量占世界排放量的比例保持 75% 不变的简单假设来计算③。每年的排放数据根据当前的碳存量来估算总的碳含量，这两个数据都可以转化为碳在大气中的预期存留时间④。然后可以估算出碳浓度⑤；根据斯特恩报告可以估算出这些碳浓度的影响⑥。

哥本哈根协议的模型假设 G20 首脑会议中有 13 个国家按照建议采取行动，2010~2020 年逐步改善后，实现它们 2020 年的目标（见表 A3）。在 2020 年以后，这些国家的排放量保持不变。在哥本哈根协议中没有提及的国家假定按照之前的模式进行计算。

表 A3　减排缔约方 2009 年会提议

| 建议排放削减量 | 到 2020 年减少： | |
| --- | --- | --- |
| 澳大利亚 | 总排放量 | 相对于 2000 年水平的 25% |
| 巴　西 | 总排放量 | 相对于 2020 年预计水平的 40% |
| 加拿大 | 总排放量 | 相对于 2006 年水平的 20% |

① 关于在排放量预测中使用市场汇率或购买力平价购买的讨论，见斯特恩，2006 年。
② 世界银行，2010 年，表 A1。
③ 鉴于 G20 以外新兴经济体的预期增长，很可能这些经济体的碳排放量的增加速度将比在 G20 成员国的要快，这一比例将从 G20 转移出去。
④ 见斯特恩，2006 年，第 198 页，2050 年预计仍将有初始碳浓度 385 ppm 的 70%，即 270 ppm；这也符合警监会和气候互动的其他预测。
⑤ 转换因子为 1 ppm 的二氧化碳 = 21 亿吨碳；3.7 吨二氧化碳中有 1 吨碳（兰姆，2007 年）。
⑥ 斯特恩，2006 年。

续表

| 建议排放削减量 | 到 2020 年减少: |
|---|---|
| 中　国 | 排放－输出比　相对于 2005 年的 40% ~45% |
| 欧　盟 | 总排放量　相对于 1990 年水平的 20% |
| 印　度 | 排放－输出比　相对于 2005 年的 20% ~25% |
| 日　本 | 总排放量　相对于 1990 年水平的 25% |
| 俄罗斯 | 总排放量　相对于 1990 年水平的 10% ~15% |
| 南　非 | 总排放量　相对于目前水平的 34% |
| 美　国 | 总排放量　相对于 2005 年水平的 17% |

## 参考文献

1. 阿卢瓦利亚，蒙特克·S，尼古拉斯·卡特和霍利斯·B. 钱纳里，《发展中国家的增长和贫穷》，《发展经济学杂志》，6（1978）：299－341。

2. 阿南德，苏迪河和拉维·堪布：《国际贫穷预测》，政策研究工作论文 617，世界银行，华盛顿特区，1991 年。

3. 阿恩特，克里斯蒂和查尔斯·阿曼：《治理指标的用途和滥用》，巴黎，经合组织发展中心研究，2006 年。

4. 拜尔，斯科特，杰拉尔德·P. 德怀尔·Jr 和罗伯特·塔玛拉：《资本和总要素　生产率对于经济增长有多重要?》，经济调查，44（2006）：23－49。

5. 霍克斯沃斯，约翰：《2050 年的世界》，普华永道会计师事务所，伦敦，2006 年。

6. IEG（独立评估小组）：《营商环境：关于世界银行－国际金融公司的营商环境指标能力的独立评估》，世界银行，华盛顿特区，2008 年。

7. 钦恩·罗伯特和罗斯·莱文：《资本原教旨主义、经济发展和经济增长》，卡内基－罗彻斯特会议公共政策丛书，41（1994）：157－219，http://ideas. repec. org/p/wbk/wbrwps/1285. html。

8. 兰姆·S. H：《更让人不舒服的真理》，普林斯顿大学，普林斯顿，新泽西州，2007 年，www. princeton. edu/ ~ lam/documents/MoreTruth. pdf。

9. 斯特恩，尼古拉斯：《斯特恩评论：气候变化经济学》，剑桥大学出版社，2006 年，www. hm - treasury. gov. uk/sternreview_ index. html。

10. 美国人口普查局，华盛顿特区，2009 年，"国际资料库"，www. census. gov/ipc/www/idb/index. php（2009 年 9 月）。

11. 威尔逊，多米尼克和罗帕·普鲁少塔曼：《金砖四国之梦：通向 2050》，全球经济论文 99，高盛，纽约，2003 年。

12. 世界银行，《营商 2010：艰难时代的改革》，华盛顿特区，2009 年，a. ，www. doingbusiness. org。

13. 世界银行：《2009 世界发展指标》，华盛顿特区，2009 年 b. 。

14. 世界银行：《全球治理指标》，华盛顿特区，2009 年，http：// info. worldbank. org/governance/wgi/index. asp（2009 年 10 月）。

15. 世界银行：《世界发展报告：发展与气候变化》，华盛顿特区，2010 年，http：//siteresources. worldbank. org/INTWDR2010/Resources/5287678 – 1226014527953/WDR10 – Full – Text. pdf。

# 卡内基国际和平基金会简介

　　卡内基国际和平基金会是一个私立的非营利性组织，致力于推进国家之间的合作，并积极推动美国的国际约定。它成立于1910年，无党无派，致力于取得实际成果。

　　为迎接其成立一百周年，卡内基国际和平基金会正努力将自身开拓成为第一个全球性的智囊团，目前在华盛顿、莫斯科、北京、贝鲁特和布鲁塞尔都设有朝气蓬勃的办事处。这五个地方，有的是全球治理中心，有的将对短期内改善国际和平和经济进步起到决定性作用。

## 高级职员

| | | |
|---|---|---|
| 会长: | 杰西卡·T. 马修斯 | Jessica T. Mathews |
| 执行副会长兼秘书: | 保罗·巴拉蓝 | Paul Balaran |
| 通信和战略副会长: | 汤姆·卡弗 | Tom Carver |
| 研究副会长: | 托马斯·卡罗瑟斯 | Thomas Carothers |
| 研究副会长: | 马尔万·马阿谢尔 | Marwan Muasher |
| 研究副会长: | 道格拉斯·H. 帕尔 | Douglas H. Paal |
| 研究副会长: | 乔治·博科维奇 | George Perkovich |

## 理事会成员

| | | |
|---|---|---|
| 会长: | 理查德·佐丹奴 | Richard Giordano |
| 副会长: | 斯蒂芬·R. 刘易斯·Jr. | Stephen R. Lewis, Jr. |
| | 科菲·A. 安南 | Kofi A. Annan |
| | 比尔·布拉德利 | Bill Bradley |
| | 格雷戈里·克雷格 | Gregory Craig |
| | 威廉·H. 唐纳森 | William H. Donaldson |
| | 穆罕默德·A. 埃里安 | Mohamed A. El－Erian |
| | 哈维·V. 菲尼伯格 | Harvey V. Fineberg |
| | 唐纳德·V. 费特斯 | Donald V. Fites |
| | 查斯·W. 弗里曼·Jr. | Chas W. Freeman, Jr. |
| | 詹姆斯·C. 盖瑟 | James C. Gaither |
| | 威廉·W. 乔治 | William W. George |
| | 帕特里夏·豪斯 | Patricia House |
| | 琳达·梅森 | Linda Mason |
| | 杰西卡·T. 马修斯 | Jessica T. Mathews |
| | 雷蒙德·麦奎尔 | Raymond McGuire |
| | 赞尼·明顿·贝多斯 | Zanny Minton Beddoes |
| | 苏尼尔·巴提·米塔尔 | Sunil Bharti Mittal |
| | 凯瑟琳·詹姆斯·帕格里亚 | Catherine James Paglia |
| | W. 泰勒·雷武雷三世 | W. Taylor Reveley Ⅲ |
| | J. 斯塔帕雷顿·罗伊 | J. Stapleton Roy |
| | 瓦内萨·鲁伊斯 | Vanessa Ruiz |
| | 阿苏·O. 塔维什 | Aso O. Tavitian |
| | 雪莉·M. 泰尔格曼 | Shirley M. Tilghman |
| | 罗汉·维拉辛哈 | Rohan Weerasinghe |

# 译后记

2011 年，我在京参加卡内基和平基金会召开的一次研讨会，会议中心议题是与基金会的两位研究人员：尤里·达杜什和威廉·肖——本书两位作者——研讨其刚刚出版发行的研究报告，亦即本书的英文版。之前，虽接触过不少关于新兴经济体崛起之类的观点和文献，我亦对此未感"新鲜"，但本书的确为系统地阐释这一历史现象或趋势的首部著作，立论恳切，证论翔实，叙事宏大，不失为一部难能可贵的"醒世"之作，非常值得绍译给广大的中国读者。

是故，虽过往无涉译述，我亦不揣冒昧，勉力为之，切望使此本具一定时效性的英文智库研究报告速与国人见面。谁知造化弄人，一来二往，耗时两年有余才得以面世。这也使我有幸手不释此卷，反复研读后，亦有省思，借此译后记的机会，与读者朋友交流，更求教于诸君。

第一，本书宏旨在于系统阐释非西方世界崛起，从而在事实上捣毁了"西方中心论"。

本书所阐释的基本事实，是 21 世纪最为重大的全球性变革，亦即新兴市场重塑全球化。这话说得过于文绉绉，或者过于掩饰。简言之，就是西方之外的部分开始主导全球事务。这话同样说得拗口，易言之，"西方中心论"正面临垮塌。

西方观念的根本，是将自身明确为历史的中心，进而将世界划分为西方（the West）和非西方（the Rest）两个部分，西方引导与支配非西方。这既是其历史观，也是其世界观。如此"中心论"，其来有自，与中世纪以降的基督教世界观密切相关。经过了几个世纪的挣扎与奋进，自 18 世纪中叶起，西方世界获得了对全球事务的支配能力。从而，"西方中心论"就不仅仅是一种信念，也似乎体现为一种无所不在、不断累积的历史事实。这样一种信念或事实体系相互印证，成就了蔚为可观的带有决定论味道的"历史规律"或新"信条"：全球化等同于西化，西化等同于全球化，合二为一。

从德国学者韦伯的《新教伦理和资本主义精神》，到沃勒斯坦的《当代世界体系》，再到美国经济学家诺斯的《西方世界的兴起》，凡此种种及其变种，都在表述一个中心命题，那就是"欧洲中心论"或者"西方中心论"。冷战结束后，弗朗西斯·福山称，历史终结了！西方世界弥漫着过于自负的傲慢与无所顾忌的乐观的氛围，伴随 9·11 危机的冲击，"文明冲突论"开始发力，力图再度强化"西方中心论"。进入 21 世纪，新兴市场经济崛起，浪潮席卷东西，极大地改变了全球面貌。这不仅体现为一股巨大而不可逆转的全球趋势，亦正快速累积着与"非西方崛起"相匹配的事实体系或历史向量。

本书正是捕捉到这一历史巨变，且从事实上揭示了全球化不再是由"西方"力量所主导，转而由"非西方"力量来"接管"。这一接管虽不可逆转，但非一帆风顺，其间正在或即将发生一系列错综复杂的矛盾与尖锐得难以调和的冲突。着眼于此，我们将本书的中文版易名为《2050：重塑世界的朱格诺》。

第二，从《大分流》到《2050：重塑世界的朱格诺》。

英国学者杰克·古迪在其名著《偷窃历史》中说到，西方人创造了历史科学，并顺带将自身放到了中心位置。杰克还辟专章阐释了为什么西方人坚信爱情也是西方所独有的情感表达与体验。这折射出"欧洲中心论"或"西方中心论"是何等的幼稚！西方史家将法国大革命视为分水岭式的历史变革，自由民主人权的旗帜就此高扬不坠。法国就此也成为全球行政的中心，其核心便是"民可告官"。这在大革命前是法国人无法想象的事。然而，早在宋代，中国就已经确立民告官的法律原则。这也反衬出国人在崇洋浪潮中的自我迷失！要么只看得见自己，看不见别人，要么只看得见别人，看不见自己，核心就是选择性地睁着一只眼睛看世界。

这里不得不提彭慕兰的《大分流》，作者事实上摒弃了"中心论"，而是睁开两只眼睛看世界历史的变迁。彭意识到"西方中心论"的弊病，但他并不愿意就此放弃中心论，他坦诚道，舍此无他。可以说，《大分流》虽是睁着双眼看世界，但彭慕兰还是跳动着一颗"西方中心论"的心脏。

美国的加州学派中不乏持有"中国中心观"者，一则以中国为18世纪之前全球的中心；一则以中国为中心来发现历史。也许，这个世界不是只有一个中心的正圆，而是有着两个圆心的椭圆，过去的几个世纪，正是全球的支配性力量从一个圆心转向另一个圆心的转移进程，导致了所谓的"大分流"；而今，这种支配性力量再一次发生位移。若如此设论，仍不过是"西方中心论"的东方变种而已。

《2050：重塑世界的朱格诺》直面历史大变局，系统地阐释西方正在失去全球事务的支配权，于此，本书两位作者的科学精神和道德勇气是值得钦佩的。

第三，穷国"再度"接管地球，其本质是多数人将主导全球化。

本书开宗明义地指出，穷国接管地球，而富国依然富裕。但其有意无意地忽略了这一接管的本质是多数人开始主导全球化。

事实上，穷国接管地球早已发生，本不是什么新鲜事，只是那是少数人的接管。

15 世纪的欧洲正走出中世纪的桎梏，内部分裂激战，且深陷黑死病的折磨，面临阿拉伯世界的强大和遥远亚洲的富庶，欧洲可以说既穷困又潦倒。伊比利亚半岛、低地荷兰、英伦三岛这些远离欧洲腹心的边陲挣扎着奔向已知世界的尽头，探险未知世界的边缘。为自身探求活路，催生了所谓的地理大发现，进而成就了海权战略，开始在全球事务中崭露头角。即便如此，到 17 世纪欧洲还是陷入可怕的三十年战争，夺走了3000 多万条性命。1683 年土耳其人长期围困攻打欧洲的心脏维也纳。直到 18 世纪中叶的七年战争——可称之为"真正意义上的第一次世界大战"，欧洲始对全球事务发挥支配性的影响力。西方虽越来越富裕，但在 19 世纪来临前，尚难夸富于全球。

这就是说，西方主导的全球化，是穷国第一次接管了地球。现在所发生的是，穷国"再度"接管地球。如果说上一轮穷国接管地球是"少数人主导的全球化"的话，本轮接管的本质是"多数人主导下的全球化"。

贫富无恒常。历史地看，西方世界是由穷而富的，非西方世界——至少其中的印度、中国——是由富而穷的。现实地看，本轮经济危机本质上是富国的债务危机，无论欧美，债务水平均达到骇人听闻的水平，只不过彼此应对债务危机的资源有所不同罢了。在统计上，欧美日本人均财富水平仍将长期高于新兴经济体，但在事实上，"富国"正陷入"民富国穷"所带来的种种煎熬之中，无论是法国意图延迟退休，还是英国提高学费，抑或日本尝试提高消费税，乃至美国奥巴马政府推行医改，都深深地刺激了"富裕"的西方国民，更凸显了"富国"的"穷困"。相反，正是所谓的穷国在大量地购买富国的债务、房地产和学位，并开始对其大量投资，包括提供基础设施建设。因此，富国依然富裕只不过是一种统计上的表象，他们享受着穷国所提供的"福利"，而只是努力保持自己的一丝自尊而已。

本书继以"富国、穷国"替代"西方、非西方"之后，再次偷换了概念，以"富民、穷民"代替了"富国、穷国"。这就折射出，"西方世界"在大历史变迁中的矜持、保守，甚或落寞。

三十多年前，时值读中学的我在《参考消息》上看到了这样一则西方报道，至今记忆犹新：两万名非洲人劳作一年，相当于 9 名西德工人一个月的工资。这是有关富裕与贫穷、中心与边缘等一系列命题的活写真。其本质，就是多数人和少数人在全球化中的经济大分流。

第四，多数人主导下的全球化，将使世界更加不稳定，或更糟糕吗？

美国计量经济史学家福格尔科学地证明了不道德的黑奴贸易甚或是一大福音，因为黑奴在北美的人口相对在非洲有相当的增加。既然黑奴赴美是一件幸事，那么，更多的黑非洲的劳力开始加入工业化的历史洪流，有什么理由因此更为这个星球担心呢？

令全世界发抖的两次大战，在温斯顿·丘吉尔看来，是新的三十年战争。从施宾格勒的《西方的没落》到茨威格笔下的《昨日的世界》，再到奥威尔的《动物庄园》和《1984》，更到索尔仁尼琴的《古拉格群岛》，不胜枚举，20世纪的人文灾难漫无止境。地缘政治的崩溃、种族灭绝和隔离、大萧条和金融海啸、革命的红色血污和工业的黑色污染，诸般状况在所谓的富国主导下的全球化时代何其惨烈！回溯历史，一路走来，似乎没有理由认为，新的一轮全球化将使世界更加不稳定，或将更加糟糕。

《2050：重塑世界的朱格诺》一书对富国做安慰，对穷国表忧虑，这种二元世界观是"西方中心论"的遗毒，是要不得的。至少，本书所显露的这种不对调的情绪甚或疲颓的气息是应引起读者省察的。

海外智库研究的针对性非常强，非常善于发现、概括与提升问题，也非常善于捕捉、展开与组织相关的事实，从而将研究对象鲜活地纳入更为实用性的框架中；智库研究也往往不似学术研究那样剔除现实干扰，强调营造纯粹的理论环境，而是非常注重有效的开放性，以便于确保研究结论的适用性或实用性；智库研究并不避讳其机构宗旨或价值取向，研究本身强调科学性和客观性，但是议题设定本身则往往带有鲜明的原则或立场；智库的研究也往往不等同于对策性研究，智库机构往往与决策机构或执行当局保持一定的距离，并标榜其独立性。凡此种种，都是我们借鉴使用海外智库研究成果时所应给予关注的，也是改进与提升我们的相关研究所应提倡的。

作为美国重要智库——卡内基和平基金会的研究报告，本书反映了美国智库研究的最高水准和基本范式，这也是值得我们中国的同行借鉴与学习的。本书偏重但不限于经济领域，横跨重大而广泛的国际议题，精彩之处俯拾皆是，这便使本书的读者不限于经济学人，更值得更广泛的中国读者阅读。

在此，感谢卡内基和平基金会对于此书在华翻译出版所给予的支持与配合，更感谢社会科学文献出版社及各位同人的襄助和激励。在此，也恳请读者诸君对本译述多多给予批评指正，深以为谢！

是为记！

周子衡

癸巳年腊月　于京

图书在版编目（CIP）数据

2050：重塑世界的朱格诺/（英）达杜什，（英）肖著；
周子衡译.—北京：社会科学文献出版社，2014.12
　ISBN 978 - 7 - 5097 - 5887 - 8

Ⅰ.①2…　Ⅱ.①达…②肖…③周…　Ⅲ.①世界经济 -
研究　Ⅳ.①F11

中国版本图书馆 CIP 数据核字（2014）第 067146 号

## 2050：重塑世界的朱格诺

著　　者/尤里·达杜什　威廉·肖
译　　者/周子衡

出 版 人/谢寿光
项目统筹/恽　薇
责任编辑/王婧怡　许秀江

出　　版/社会科学文献出版社·经济与管理出版中心（010）59367226
　　　　　地址：北京市北三环中路甲 29 号院华龙大厦　邮编：100029
　　　　　网址：www. ssap. com. cn
发　　行/市场营销中心（010）59367081　59367090
　　　　　读者服务中心（010）59367028
印　　装/北京鹏润伟业印刷有限公司

规　　格/开　本：880mm×1230mm　1/32
　　　　　印　张：8.375　字　数：206 千字
版　　次/2014 年 12 月第 1 版　2014 年 12 月第 1 次印刷
书　　号/ISBN 978 - 7 - 5097 - 5887 - 8
著作权合同
　　　　　/图字 01 - 2012 - 5633 号
登 记 号
定　　价/48.00 元